Schee is gwen, owa hirt

Alte Bilder aus dem Bayerischen Wald

Für uns, die Battenberg Gietl Verlag GmbH mit all ihren Imprint-Verlagen, ist Nachhaltigkeit ein wichtiger Teil unserer Unternehmensphilosophie. Daher achten wir bei allen unseren Produkten auf den Einsatz umweltschonender Ressourcen und Materialien.
Dieses Buch wurde auf FSC®-zertifiziertem Papier gedruckt. FSC (Forest Stewardship Council®) ist eine nicht staatliche, gemeinnützige Organisation, die sich für die verantwortungsvolle und ökologische Nutzung der Wälder unserer Erde einsetzt.

Unsere Partnerdruckerei kann zudem für den gesamten Herstellungsprozess nachfolgende Zertifikate vorweisen:

- Zertifizierung für FOGRA PSO
- Zertifizierungssystem FSC®
- Leitlinien zur klimaneutralen Produktion (Carbon Footprint)
- Zertifizierung EcoVadis (die Methodik besteht aus 21 Kriterien in den Bereichen Umwelt, Einhaltung menschlicher Rechte und Ethik)
- Zertifikat zum Energieverbrauch aus 100% erneuerbaren Quellen
- Teilnahme am Projekt „Grünes Unternehmen" zum Schutz von Naturressourcen und der menschlichen Gesundheit

Martin Ortmeier

Schee is gwen, owa hirt

Alte Bilder aus dem Bayerischen Wald

SüdOst Verlag

Bibliografische Information der Deutschen Bibliothek
Die Deutsche Bibliothek verzeichnet diese Publikation in der Deutschen Nationalbibliografie; detaillierte bibliografische Daten sind im Internet über http://dnb.ddb.de abrufbar.
ISBN 978-3-95587-815-3

Titelabbildung:
Der „Gasthof zur Post des Josef Jakob“ wurde 1895 neu gebaut. Das Haus ist gemauert, die Putzgliederung der Fassade und die großen zweiflügeligen Fenster mit klappbarer Oberlichte sind zeitgemäß. Das aus Granit gehauene Gewände der Haustüre zeigt am Sturz die Hausnummer 34½. Eine Tafel neben der Türe weist die Postagentur aus.
Die Autorschaft der Photographie ist nicht gesichert, evtl. hat der Schauflinger Lehrer (1898–1909) Joseph Richtsfeld die Aufnahme gemacht, lange Zeit hatte als gewiss gegolten, dass sie von Pfarrer Dr. Maximilian Maier (1862–1901) stammt. Der Heimatforscher Andreas Schröck hat erste Hinweise auf Joseph Richtsfeld gegeben.
Das Photo ist frühestens 1901 entstanden. Denn in diesem Jahr wurde dem Gastwirt Josef Jakob die Konzession für die neu gegründete Postagentur verliehen. Vor dem Gasthaus ist die zweispännige Postkutsche aufgestellt, die zweimal täglich verkehrte.

Innentitel:
Immer wieder stand die Schmiede und Schlosserei der Brüder Bruno und Karl Kapfer am Perlfischerweg in Passau-Hals unter Wasser. So, wie der Handwerksbetrieb 1990 bestand, war er auch damals bereits „aus der Zeit gefallen“.

Umschlagrückseite:
„Hansl will sein Mehlspeis nicht mehr essen und sein Vater erwischt ihn gerade noch beim Verschwinden in einem Bauernhof in Loham, Lkrs. Bogen (Nby.) 1939 b. Deggendorf“. So hat Erika Groth-Schmachtenberger auf das Photo geschrieben, das sie wenige Jahre vor ihrem Tod dem Freilichtmuseum Finsterau zur Aufbewahrung in seinem Bildarchiv übergeben hat.

6. Auflage 2022, wesentlich erneuert

www.battenberg-gietl.de
Buchgestaltung: Günter Moser
Lektorat: Herbert Wittl
ISBN 978-3-95587-815-3

INHALTSVERZEICHNIS

Der Schmied Karl Kapfer, aus einfachen Verhältnissen stammend, hat sich wirtschaftliche Existenz und gesellschaftliche Anerkennung aufgebaut. In seinen besten Jahren pflegte er an gut gelaunten Tagen in seiner Werkstatt auf den Amboss-Sockel zu steigen und den 75 kg schweren Amboss zu wuchten. 1990, als diese Aufnahme entstand, ließ er es schon gemütlicher angehen.

Wia's war

Wir schwärmen von der heilen Welt des Bauernhofes. Mensch und Tier, Kultur und Natur, Arbeit und Religion existieren in einem unlösbaren Miteinander. Werden und Vergehen sind eng verschlungen, schmerzlich, aber beruhigend zeitlos.

Generationen lebten unter einem Dach, aßen an einem Tisch, woben gemeinsam an dem einen bunten Teppich von Brauchtum und Volkskunst. Religion erfüllte Alltag und Festtag, gab jedem sicheres Wissen, was gut und was schlecht ist. Veredelung der Getreide, ertragsteigernde Düngerwirtschaft, Zuchterfolge beim Vieh und hilfreiche Verbesserungen am bäuerlichen Gerät gaben begründete Hoffnung auf eine sichere Zukunft von zureichendem Wohlstand. Üppige Bauerngärten und frisch verputzte Fassaden der Bauernhäuser wurden zum äußeren Bild dieser Welt, die sich so deutlich vom Lärm und Schmutz und von der sozialen Entfremdung der Stadt abzeichnete.

So war es, aber es war keine heile Welt. Nicht Tugend, sondern Notwendigkeit und Gewohnheit hielten vieles zusammen. Not, Streit, Trunkund Habsucht, Bildungsmangel und Gewalt gegen Frauen, Kinder und Dienstboten erfüllten nicht selten den Alltag am Bauernhof. Jahre voll Krankheit, Krieg und Ernteschäden folgten auf kurze Zeiten relativen Wohlstandes. Ungleiche Verteilung des Grundvermögens, der Rechte und der Chancen auf Bildung und Gesundheit kennzeichneten „die gute alte Zeit". Immer wieder aber hat das Land Menschen hervorgebracht, die Altes bewahrt und Neues gewagt und durchgesetzt haben.

Vor diesem Hintergrund mit seinen Lichtund Schattenseiten müssen wir die kulturelle Leistung unserer bäuerlichen Vorfahren würdigen. Hausund Ackerbau, Viehwirtschaft und dörfliche Arbeitsteilung, Vorratshaltung und Vermarktung erreichten in der traditionellen Landwirtschaft im neunzehnten Jahrhundert einen hohen Stand. Der Bauernhof funktionierte, weil er eine kleine geordnete Welt war.

Sein Prinzip war Selbstversorgung, die Heimatkunde spricht von Subsistenzwirtschaft. Nahrung, Kleidung, Wohnung, Heizung und Licht, Wasser, Altersversorgung und die Geräte für die Landund Hauswirtschaft, alles produzierte der Familienbetrieb Bauernhof selbst. Nur Religion und Medizin, Recht und Bildung bezog man von außen. Und den Schmied, den Wagner, den Schreiner und den Sattler, den Sägeund den Mahlmüller, auf dem Dorf allesamt Errungenschaften des Mittelalters, nahm man in Anspruch.

Das Prinzip der Selbstversorgung schlug sich praktisch nieder in der baulichen Gestalt des Bauernhofes und in der Organisation der zugehörigen Flur. Kleine Höfe vereinen alles unter einem Dach: Kochen, Essen und Schlafen, Werkstatt, Viehstall, Getreidespeicher, Geräteschupfen und Stadel. Große Anwesen haben verschiedene Gebäude um einen Innenhof gruppiert, alles gut überschaubar von den Fenstern der Stube aus. Der Stall ist trockenen Fußes auf einer gepflasterten Gred zu erreichen, weite Dachüberstände halten Schnee und Regen fern. Inmitten des Hofes prangt ein hoch aufgerichteter, an den Rändern sorgfältig abgestochener Misthaufen als sinnfälliges Dokument reichen Viehbestandes samt der für seine Ernährung erforderlichen Felder und Wiesen.

Wer von seinem Anwesen die Familie nicht ernähren konnte, der fand Arbeit und Auskommen in der Forstwirtschaft als Holzhauer, als Arbeiter im Straßenund Bahnbau, als Steinhauer oder

Glasbläser. In den Wintermonaten sorgte der sogenannte Hausfleiß, das Weben, vielfältige „Holzbitzelei“, wie Rechen-, Bürstenbretteroder Holzschuhmachen, und Hinterglasmalerei für ein Zusatzeinkommen. Nur, es reichte nicht. Gab es Arbeit, war sie schlecht bezahlt. Wurde sie angemessen entlohnt, ruinierte sie die Gesundheit in wenigen Jahrzehnten durch Unfall, Abnutzung und Berufskrankheit.

Der Wald, wie der Böhmerwald insgesamt, der Bayerische Wald im besonderen einsilbig, aber treffend genannt wird, hat immer viele seiner Besten an die Städte und zeitweise an „das Amerika“, als Lehrer an den Staat, als Pfarrer in die Bistümer und als Ingenieure in die Industrie weggegeben. Die meisten hat Zeit ihres Lebens die Sehnsucht nach der Heimat „im Woid dahoam“ geplagt. Ein paar sind zurückgekommen, Erfolgreiche und Gescheiterte.

Viele, die im Wald geblieben sind, haben hier Industrie und Tourismus aufgebaut, der Landwirtschaft ein Fortbestehen ertrotzt. Für viele ist immer noch das Arbeiten „im Holz“, das nicht zu verwechseln ist mit dem Leben und Arbeiten „im Wald“, das Allerhöchste, sei es als Förster, sei es als Holzhauer, als Naturführer oder als Waldläufer, notfalls auch als immerwährender Robin Hood gegen den Nationalpark. Viele der Landwirte und Landwirtinnen des Bayerischen Waldes sind leidenschaftliche Waldbauern und ziehen ihren Stolz aus einem gepflegten, ertragstarken Holz.

Die Altbäuerin in Loham bei Bogen ist der Photographin Erika Groth-Schmachtenberger zuliebe mit ihren Färbeiern vors Haus gegangen. Den Zwiebelschalensud für die tiefrote Tönung der Ostereier hat sie in einem braunirdenen „Henkelscherben“. Photoreportagen von der „guten alten Zeit“ waren im Jahre 1939 beliebt, viele ahnten seit dem Überfall der Deutschen auf die Tschechoslowakei, dass eine üble neue Zeit bevorstand.

Die Zeit festhalten im Bild

War das Leben früher wirklich einfach? Und war es schön? Auf diese Fragen gibt es sicher keine einfachen Antworten. Außerdem: Was ist eigentlich schön!

Wir können uns einlassen auf die Bürgerträume und Redensarten vom natürlichen und harmonischen Leben auf dem Land und die durch die Abendsonne bäuerlicher Tradition vergoldete Erinnerung. Wir können uns ein Bild machen. Aber zu leicht machen wir uns ein falsches Bild. Deshalb müssen wir immer wieder sorgfältig lesen, was in den Quellen der Vergangenheit geschrieben steht, genau schauen, was uns die Dinge in den Museen zeigen. Alte Häuser tragen Spuren vergangener Zeiten, Lichtbilder öffnen uns für einen kurzen Moment Fenster in das Gestern.

Das Bildarchiv des Freilichtmuseums Finsterau bewahrt einige besondere Lichtbilddokumente, die uns einen unverstellten Blick in die Vergangenheit erlauben. Aus den photographischen Nachlässen der Bildjournalistin Erika Groth-Schmachtenberger, des Hohenauer Dorfphotographen Josef Stöckbauer und des Pfarrers und Forschers Max Maier haben wir einige der schönsten und sprechendsten Bilder ausgewählt.

Die „Bildberichterstatterin" – wie sie sich selbst am liebsten bezeichnete – Erika Groth-Schmachtenberger, geboren 1906 in Freising, war eine der ersten Pressephotographinnen in Deutschland. Ihre Photostrecken erschienen in den populären, auflagestarken Zeitschriften „Münchner Illustrierte Presse" und „Berliner Illustrierte Zeitung", sie bereiste mit ihrer Rolleiflex die deutschen Siedlungsgebiete in Südosteuropa, photographierte in Südtirol und in ganz Bayern.

„Die Schmachtenberger" war eine der ersten, die volkskundliche Motive wie Bauernhäuser, Brauchtum und vor allem bäuerliches Leben und Arbeiten in den Mittelpunkt ihrer Dokumentationen stellte und damit ein Stück Kulturgeschichte schrieb. Heimatpfleger und Hausforscher wie Rudolf Hoferer waren ihr vorangegangen, Berufsphotographen wie Alfred Seidl hatten Menschen, Häuser, Landschaften und Ortsansichten in großer Zahl geschaffen. Aber Groth-Schmachtenberger verwandte darauf in den dreißiger Jahren des zwanzigsten Jahrhunderts das neue Medium der Bildreportage. Sechs Jahrzehnte war sie unermüdlich mit ihrer Kamera unterwegs, und mit ihrem untrüglichen Blick für Details holte sie sich Menschen, Geräte, Landschaften, Situationen des Alltags vor die Linse.

Dieser Schatz an Bildern ist nun über viele Archive in ganz Bayern und darüber hinaus verstreut. Alles „Niederbayerische", das noch in ihrem Besitz verblieben war, hat sie wenige Jahre vor ihrem Tod zusammengestellt und dem Freilichtmuseum Finsterau überlassen. 1992 starb Erika Groth-Schmachtenberger in Würzburg, in ihren Bildern wird sie in Erinnerung bleiben.

Jahrzehnte war der Pfarrer, Lichtbildner und Forscher Max Maier vergessen, bis er als „Röntgen-Pfarrer" späte Anerkennung fand. Seine Selbstversuche mit der Röntgenstrahlung brachten deren Erforschung bis nahe an die medizinische Anwendung. Ehre und Nachruf aber gewannen andere. Dem 1862 in Dommelstadl bei Passau geborenen Max Maier bescherten die Versuche den frühen Tod im Jahr 1901.

Maiers wissenschaftliches Interesse war weit gespannt. 1891 veröffentlichte er über die „Flora von Hauzenberg", seine wissenschaftliche Korrespondenz war international. Vor diesem Hintergrund ist auch sein photographischer Nachlass zu betrachten, der 1995 aus unbekannter Quelle auf einem Passauer

Die Dorfkinder mit den Karfreitagsratschen brauchten nicht erst herbeigerufen werden, die Photographin musste nur zur rechten Zeit am Platz sein. Jedes Kind verdiente sich mit fleißigem Ratschenlärm ein Osterei, das die Frau sicher gern gab. Die nackten Füße, die abgetragene Kleidung, das alltägliche Kopftuch der Alten und die schmucklose Hofabseite sind beiläufige Wirklichkeit des Jahres 1939 in Loham.
Wir wüssten gern mehr über diese alte Frau, die wohl Freude daran hatte, dass die Buben zur Pflege des alten österlichen „Heischebrauchs" auf ihren Hof gekommen sind.
Viele Bilder werden auf immer ihre Geheimnisse bewahren. Manches Unbekannte aber haben aufmerksame Leser der ersten Auflage dieses Buchs benennen können. Bei diesen Bildern stehen nun Namen und Orte – zudem gelegentlich auch Anekdotisches. Diesen Gewährsleuten sei herzlich gedankt!

Flohmarkt auftauchte. Siebzehn von etwa 120 Glasplattennegativen gelangten schließlich in das Archiv des Freilichtmuseums Finsterau. Kulturhistorisches Wissen und soziales Interesse an seinem unmittelbaren Wirkungskreis als Pfarrer in Schaufling bei Deggendorf prägen diese wenigen verfügbaren Lichtbilder.

Im Angerdorf Hohenau, das zwischen Freyung und Grafenau gelegen ist, war Josef Stöckbauer als Dorfphotograph tätig. Firmlinge und Hochzeitspaare, außerdem aufgebahrte Tote waren sein Alltagsgeschäft. Aber es haben sich von ihm auch ein paar Photographien erhalten, die vom Leben dieses Dorfes mehr erkennen lassen, denen Allgemeingultigkeit fur ihre Zeit zugemessen werden darf. Natürlich hat man sich für den Photographen von seiner besseren Seite gezeigt, aber es blickt doch reichlich Wirklichkeit aus dem Schwarzweiß dieser Lichtbilder.

In einem Weiler bei Schaufling im Landkreis Deggendorf hat der Dorfpfarrer Max Maier diesen Bauernhof aus Holz und Stein um 1900 auf eine Glasplatte belichtet. Legschindeldeckung, Schrot und Oberbodenschrot mit gedrechselten Balustern, ein Holzblockbau vom Fuß bis unters Dach: ein klassisches Waldlerhaus. Im steinernen Hoftor spenden kleine Heiligenfiguren in engen Nischen Segen für Haus und Hof.

Ein Schopfwalmhaus bei Schaufling, um 1895. Bisher konnte dieses stattliche gemauerte Haus nicht identifiziert werden. Unbekannt sind auch die Personen, die in dem großen herbstlichen Garten gruppiert sind: ganz vorne links ein Mädchen mit weißer Schleife, dominierend ein älterer Mann, neben ihm wohl seine Frau, mit Strickzeug in der Hand, dann eine alte Wirtschafterin mit weißer Schürze, schließlich eine junge Frau in dunklem Kleid. In der Weinlaube, die schon blattlos ist, „fletzt" ein junger Mann, und in der offenen Haustüre ist noch der Kopf einer siebten Person zu erkennen.

Der erfahrene Kreisheimatpfleger Georg Loibl hat diesen Hof sofort erkannt. Er schrieb dem Freilichtmuseum Finsterau, als ihm die wiederentdeckten Glasplattennegative des Pfarrers Max Maier vorgelegt wurden: „Die Weilerkapelle in Hinterreut, Gemeinde Auerbach. Rechts das Anwesen der Familie Weber (Hausname Procher). Die Kapelle wurde 1861 erbaut und 1864 benediziert", um 1895 entstand die Aufnahme. Wohnstallhaus, Stadel und Getreidekasten fügen sich zu einem Dreiseithof. Mit modernen Falzziegeln ist nur das Wohnhaus eingedeckt, der Stadel trägt noch ein Strohdach, Kasten und Stall haben eine Dachhaut aus Legschindeln.

Etliche Söhne und ein paar Töchter, mittendrin wohl die ledige Schwester des Bauern. Alle blicken ganz ernst, wie es sich gehörte, nur dem Bauern selbst schaut der Schalk aus den Augen. Es war wohl ein Kirchenfest, vielleicht die Firmung des zwischen den Eltern platzierten Kindes, welches die ganze Familie in Festtagskleidern vor den Schauflinger Priester und Photographen Max Maier treten ließ.

Zu den Dörfern und Weilern rund um Schaufling schaffte der örtliche Bote Briefe und Pakete mit seinem Postesel. Oft hatte er auch wissenschaftliche Korrespondenz, Zeitschriften und Geräte für Pfarrer Max Maier dabei. In der Kiste mit der Aufschrift „Glas“ hatte er vielleicht photographische Platten für ihn, sicher verpackt in reichlich Holzwolle. Max Maier machte das Photo zwischen 1895 und 1901.

Nur gerade einmal 60 Jahre liegen diesen zwei Aufnahmen auseinander. Aber wenn wir uns die drei Männer anschauen, den Postboten und die zwei Reisenden: ein gewaltiges Sozialgefälle. Aber ob die zwei Herrn im Anzug mit ihren würdigen Autos vor dem Gasthof zur Post in Tittling glücklicher waren als der Postbote Karl Schmid in Schaufling mit seinem Esel und dem kleinen Hund, die ihn täglich auf seiner Runde begleitet haben?
Um 1964 dürfte die Postkarte entstanden sein. Bis zu diesem Jahr wurde nämlich der BMW 501/502 mit seinem Achtzylinder-V-Motor gebaut, der hier vorgefahren und mit Münchner Kennzeichen ausgewiesen ist. Der elegantere Mercedes hat übrigens ein Kennzeichen der hessischen Stadt Hanau. Der ADAC hat das Gasthaus und seine Fremdenzimmer empfohlen, so zeigt es das Emaille-Schild neben der Haustüre an.
Inzwischen steht das in die Jahre gekommene Haus schon lange leer und der Marktrat ringt um ein Konzept für seine zukünftige Nutzung.

Das Sägewerk stand sicher in einem der Bachtäler, die bei Schaufling der Donau zustreben. Ein streng komponiertes Photo des Pfarrers Max Maier um 1900: Der Sägemüller mit seiner Frau steht in der Mitte, rechts im Hintergrund, neben einem Bretterstapel, erkennen wir einen Knecht. Der Wagen mit den zwei vorgespannten Pferden stand vermutlich unter dem Gatterboden, wo Sägemehl, das als Einstreu fürs Vieh diente, aufgeladen wurde. Für das Lichtbild ließ Max Maier den Bauer wohl ein Stück hervorfahren.

Welcher Erwerb hielt die zwei Männer bei ihren primitiven Hütten im Wald? War der bretter-gedeckte Koben hinter den Männern eine Schlaf-hütte? Der Schrank im großen Unterstand deutet auf einen wenigstens saisonalen Arbeitsaufenthalt hin. Sicher waren es keine Köhler, Waldhirten vielleicht. Neben dem Mann mit dem Fürfetzen, dem altbairischen Leinenschurz der Männer, steht eine Eisenpfanne auf einem Primitivherd, herumliegende Wiedspäne deuten auf ein kleines Nebengewerbe. Solch provisorische Verhältnisse waren auch um 1900 schon bemerkenswert.

Eine Blasmusik mit zum Teil ganz eigentümlichen Instrumenten posierte um 1930 vor dem Kaufhaus Koller in Hohenau. Bekannt ist nur noch einer der Musikanten: Hans Koller, der zweite von links. Städtisch fesch waren die Burschen angezogen, es wäre ihnen nicht in den Sinn gekommen, sich mit Volkstracht zu kostümieren.

Drei Generationen, eine Art Schuhwerk: Holzschuhe. Zehn Jahre später wird auch der jüngste, der Bub, lange Hosen, Weste und Jacke getragen haben, Hohenau um 1925.

Beim Schuster Blöchinger in Altschönau: Die Werkbank steht in der Stube, nahe am Fenster. Das Schiffchen mit dem Schusterleim steht auf der Bank, an der einen Wand hängen Lederriemen, an der anderen das Schüsselkor. Wenn wir den Blick noch ein Stück nach rechts wenden könnten, würden wir den Herrgottswinkel mit dem Esstisch sehen. Stolz posiert der Geselle mit Schurz und Werkzeug. Hohenau um 1925. Otto Einberger hieß der junge Geselle. Er wurde 1906 geboren, 1930 hat ihn – obwohl er keinen Meisterbrief besaß – die Kammer als Inhaber eines Schuster-Betriebes in die Handwerksrolle eingetragen.

So eng saßen Schneidermeister und Geselle nur für den Photographen beisammen. Auch der junge Schneider, der hier mit Handnäharbeiten beschäftigt ist, hatte gewöhnlich seinen Platz nahe an einem der Fenster. Der Meister sitzt an der Nähmaschine, um die Schultern hat er das Maßband gelegt. Neben der Tür hängt der Weihwasserkessel. Also auch hier, um 1925 in einem der Dörfer bei Hohenau, ist die Stube der gewöhnliche Arbeitsplatz.

„Handlung von Schmid Hans" steht auf dem Schild über dem Hohenauer Kramerladen. Schmid selbst, der Kramer, sitzt auf der Bank vor dem Haus, seinen Hund neben sich. In der Tür steht sein Schwiegersohn Strohmeier, neben ihm Schmids Tochter Mathilde. Der Mann mit dem Hut ist unbekannt. Auch der Photograph, Josef Stöckbauer (1907-1976), lebte in Hohenau.

Feuerwehrjubiläum auf dem weiten Dorfanger von Hohenau. Ein stattliches Kriegerdenkmal aus Granit erinnerte seit einigen Jahren an die Toten des Weltkriegs 1914/18.
Josef Stöckbauer hat mit seiner Plattenkamera aus einem Fenster des ersten Stocks photographiert.

Wo Erika Groth-Schmachtenberger Bekannte gefunden hatte, dorthin kehrte sie immer wieder einmal zurück. Den Bauer mit dem Sätuch hat sie 1936 bei Lam photographiert. Im Hintergund steht der Baumann mit den Ochsen zum Eineggen bereit.

1935 war sie schon einmal in der Gegend. Für sie hat die Bäuerin einen Säkorb umgehängt. Eigentlich war das Männerarbeit. Der Bauer aber sollte wohl, malerisch mit Pfeife, an der Egge stehen.

Wenn niemand anderer unterwegs war, hat sich Groth-Schmachtenberger auch selbst mit ins Bild gebracht. So evtl. auch 1963 vor einem Anwesen in Weißenregen bei Kötzting.

Das kleine Austragshaus mit dem niedrigen Bretterschrot ist ganz in Blockbau errichtet. Es ist wohl der älteste Bestand auf diesem Anwesen. Das Wohnstallhaus mit der breiten steinernen Gred ist sicher jünger. Sein Erdgeschoss ist gemauert, nur das Obergeschoss ist noch in Blockbau gefügt. Über der Haustüre, auf dessen Schwelle hockend sich ein Mann sonnt, kragt ein Balkon vor, dessen Brüstung mit ornamentierten Brettern geschlossen ist. Der große Stadel ist gewiss der jüngste Bau.

Eine Bauernstube in Stephansposching bei Bogen. Rohrnudeln liegen auf dem Tisch, in den Schüsseln ist irgendeine Zuspeise. Ganz am Ende des Buchs werden wir noch einmal in diese Stube des Jahres 1939 blicken, da werden wir Sohn und Enkel der beiden alten Leute kennen lernen.

„A halberts Jahr Winter und a halberts Jahr kalt", sagen die Bewohner des inneren Bayerischen Waldes sarkastisch, wenn vom Schnee die Rede ist, der im April nicht weggehen will. „Das letzte Waldlerhaus vor der Grenze im Bayer. Wald", hat Groth-Schmachtenberger auf der Rückseite ihres Photos aus dem Jahre 1952 notiert.
Wir hatten dieses Haus lange Zeit in Frauenberg angesiedelt. Eine Tochter des Eigentümers Josef Rosenauer, Kleinlandwirt und Siebzargenmacher, der um 1935 starb, hat wertvolle neu Informationen gegeben: „Das Haus stand in Auersbergsreut, Gemeinde Haidmühle. Im Hintergrund erkennt man die böhmische Grenze sowie den Grenzbach, der in die kalte Moldau mündet." Sie erzählte im Jahr 2014 außerdem, dass ihr Vater morgens, mittags und abends die Hausglocke geläutet hat. Zum abendlichen Gebetsläuten mussten die Kinder nach Haus gehen.

Eine ununterbrochene Schneebahn führt von der verschneiten Straße direkt auf das Dach des niedrigen Hauses. Ist das Paar auf dem Kirchgang nach Altreichenau unterwegs? Die Photographin hat nur notiert: „1952 im Dreisesselgebiet“. Die verschneiten Häuser gehören zum Waldlerdorf Frauenberg, das auf halber Strecke zwischen Haidmühle und Altreichenau inmitten ausgedehnter Wälder liegt.

Es war einmal das Waldlerhaus

Wer nach dreißig oder vierzig Jahren aus der Welt zurückkommt in seine Heimat im Bayerischen Wald, aus Amerika, Australien, Stuttgart oder Hamburg, dem sind nicht nur die Menschen fremd geworden, abgesehen von ein paar alten, sondern auch die Häuser, abgesehen von ein paar Bauten, die Denkmalpfleger vor dem Abriss retten konnten.

Die Häuser, an die sich dieser Heimkehrer erinnert, sahen so aus: An der sonnseitigen Hausecke zeigt ein doppeltes Register von zwei oder drei gleichen Fenstern den Ort der Stube. Neben diesen Fenstern führt eine Tür in den Hausflur, den der Gast ohne weiteres betritt. Nach wenigen Schritten wendet er sich nach der Seite zu einer Tür, die in die Stube führt. Er klopft, steckt vielleicht auch in alter Vertrautheit den Kopf durch den Türspalt, aber er wird nicht unaufgefordert die Stube betreten, die Heimat des anderen im engeren Sinn. Zwei kurze Blicke, zum dunklen Herdwinkel und zum hellen Herrgottswinkel, sagen dem Heimkehrenden gleich, ob jemand da ist oder nicht. Nie würde er es wagen, andere Türen zu öffnen, zur Kammer neben der Stube, zur Kellertreppe oder gar zum Stall, obwohl ja all diese Türen an derselben Flez liegen. Und er würde natürlich auch nicht die Treppe zum Obergeschoss betreten.

Wenn keiner da ist, geht er wieder vors Haus, setzt sich auf die Hausbank, wartet. Er muß nicht im Regen stehen. Denn die Gred, ein schmaler, gepflasterter Gang vor dem Haus, ist geschützt unter der vorgezogenen Traufe des Dachs oder, wenn der Eingang an der Giebelseite liegt, unter dem auskragenden Schrot, dem hölzernen Wirtschaftsbalkon, der wiederum überfangen ist von einem mächtigen „Ortgangvorschuss".

Kein Waldlerhaus ist wie das andere. Die Lage und Beschaffenheit des Grundstücks, die Wirtschaftsgröße des Anwesens, die verfügbaren Baustoffe, Form und Beschaffenheit des Dachs und auch die Veränderungen der Mode gaben jedem sein eigenes Gesicht. Aber alle sind sie Waldlerhäuser, mit Flez, Stube und Schrot. Sie sind klug gebaut, entwickelt und bewährt in Jahrzehnten, Jahrhunderten. Da mag der Böhmwind noch so eisig auf der Gred herumsausen oder sich in den verbretterten Schrot setzen, im Herrgottswinkel, bestrahlt von der Wärme des Ofens im Kernwinkel des Hauses, ist es gemütlich.

Ursprünglich waren alle Waldlerhäuser aus Tannenund Fichtenbalken in kunstfertigem Blockbau gezimmert, ein flach geneigtes Legschindeldach trug winters eine hohe Haube aus Schnee. In jüngerer Zeit gaben „böhmische" Schopfwalmdächer mehr Raum im Dach, mit der Ziegeldeckung kamen auch Satteldächer mit mittlerer Neigung. Der Blockbau wurde durch Feldund Bruchsteinmauern ersetzt, zuerst bei den Stallungen, erst lange danach auch bei der Stube. Seit gut hundert Jahren wird auch das Obergeschoss voll ausgebaut, sein Grundriss entspricht weitgehend dem des Erdgeschosses. Über der Stube liegt die ebenso große und ebenso helle Schlafkammer.

Der hausbreite Schrot war ursprünglich ein reiner Nutzraum. Durch gesägte oder gedrechselte Baluster erhielt er nach und nach auch repräsentative oder einfach schmückende Funktion, gegen Ende des 19. Jahrhunderts verliert er seine Bedeutung. Bei Umbauten werden die tragenden Kragbalken bündig zur Hauswand abgesägt, bei Neubauten entfällt er oder wird durch einen kleinen „bürgerlichen" Balkon über der Haustür ersetzt. Flez und Stube aber lassen trotz allen Veränderungen keinen Zwei-

Aus der Nähe von Hauzenberg stammt diese Lichtbildpostkarte von zirka 1910. Die ganze Bauersfamilie mit Hund und Knecht steht für den Wanderphotographen vor der Hofkulisse bereit. Das stattliche gemauerte Haus trägt eine Tafel mit Bauinschrift, leider ist sie auf dem Photo nicht lesbar.

fel zu, es ist ein Waldlerhaus. Da und dort steht es noch und wieder: bescheiden, aber heimatlich.

Seit dem frühen neunzehnten Jahrhundert wird der Stall in Mauerwerk aus Feldsteinen erbaut. Auch Flur und Rauchkuchl werden früh aus Steinen errichtet, die Stube wird aber oft in Blockbau beibehalten, auch wenn das ganze Erdgeschoß ansonsten gemauert ist. Ziegel werden spät eingeführt, sie sind häufig von minderer Qualität aus Feldbränden, selten aus Ziegeleien. Wenn das ganze Erdgeschoss aus Feldsteinen gemauert ist, sind die Eckverbände aus sorgfältig auf Posten gehauenen Bruchsteinen in wechselseitig ausgreifendem Verband aufgerichtet.

Die Stube im Bauernhaus des Bayerischen Waldes ist so obligatorisch wie vielfältig. Ihre klassische Ausformung ist der quadratische Raum mit Herrgottswinkel, der den Esstisch enthält, diagonal gegenüberliegendem Herdwinkel, Bettund Arbeitswinkel. Ebenso vielfältig sind die Formen des Stubenofens. Allen gemeinsam ist aber, daß sie mehrere Funktionen zugleich erfüllen: Heizen der Stube, Kochen auf einer stählernen Herdplatte und Warmwasserbereitung in einem Kessel. Oft kann zudem in einer eingebauten Blechröhre gebacken werden. Aus dem Flur oder der angrenzenden Rauchkuchl ragt meist das Gewölbe des Backofens in den Ofenkörper. Seiner äußeren Form wegen wird dieser Ofentyp Sesselofen genannt. Feuertechnisch ist er, abgesehen vom angegliederten Backofen, der ja eigens befeuert werden muss, ein Vorderlader-Herdofen mit Rauchgaszügen. Ob der Heizaufsatz aus Kacheln gesetzt ist, oder nur gemauert und verputzt, ist unmaßgeblich, ebenso, ob das Wassergefäß ein gusseiserner Kessel oder ein blechernes „Kistl" ist.

Dieses Waldlerhaus existiert bis heute in Wulreiching, das zur Gemeinde Schaufling im Landkreis Deggendorf gehört. Der Glockenturm ist allerdings abgetragen und das Legschindeldach hat einem Ziegeldach weichen müssen. Von den zwei Buben, die sich an dem abgestellten Bruckwagen herumtreiben, lebt sicher keiner mehr, denn die Aufnahme entstand spätestens 1901.

*Aus Viechtach hat Ludwig Treimer, der die erste Auflage des Buches aufmerksam gelesen und betrachtet hat, dem Autor geschrieben: „Das Bild (...) zeigt den Harthof im Landkreis Viechtach um 1912/13. Dargestellt ist die Familie Hollmayer, der Bauer mit der Uhrkette, daneben die Bäuerin mit dem Hoferben Alois Hollmayer (*1911, +1994) am Arm. Eine der drei Dirnen, vielleicht auch Schwester der Bauersleute, hält die Tochter Maria (*1910). Links neben dem Bauern der Knecht, ein Soldat als Erntehelfer, ein Hütbub, ein Häuslmann. Als erwähnenswertes Detail finde ich das ‚Sommerhäusl' auf dem Schrot, mit der zum Boden herabführenden hölzernen Rinne".*
Treimer weist auch darauf hin, dass das stattliche Bauernhaus bei Patersdorf – jetzt dem Landkreis Regen zugeschlagen – noch heute steht.

Wir kennen weder Ort noch Zeit dieser Aufnahme, und wir kennen auch nicht den Photographen, der in dieser idyllischen Sommerzeit die beiden Frauen vor dem gepflegten Waldlerhaus abgelichtet hat.

Derselbe Photograph hat auch diese Aufnahme gemacht. Dieses Dorf konnte inzwischen identifiziert werden, es ist Kirchl bei Schonbrunn am Lusen. Die Aufnahme entstand um 1925.

An Holz mangelt es diesem Häusler nicht. Der alte Mann war vielleicht Holzhauer und hatte noch immer ein gewisses Recht, sich mit Holz zu versorgen. Es ist überhaupt bis heute eine Eigenheit der Waldler, dass sie immer fürchten, es könne im nächsten Jahr kein Brennholz mehr geben.

Vor 1900 ist dieses Bauernhaus in Mitterleinbach bei Waldkirchen entstanden. Der Grundriss des Wohnteiles entspricht noch dem Typ des Waldlerhauses. Der Stallteil in „großdeutschem Baustil" ist 1936 datiert.

Wie auf einer Bühne sind die Personen gruppiert. Die zwei Bauernhäuser, die wohl im Viechtacher Land standen, sind wie Kulissen ins Bild gesetzt. Mindestens einhundert Jahre ist diese Photographie alt. Vor der Gred des linken Anwesens ist auf gemauertem Sockel ein gewaltiger Wassergrand aufgestellt, daneben noch einmal ein kleinerer, der aber vielleicht ursprünglich als Krautstein gedient hatte.
Haben wir einen einzigen großen Bauernhof vor Augen, mit einem großen Nebenhaus, wie es der Kapplhof („Kaabehof") hatte, der jetzt im Freilichtmuseum Finsterau steht? Oder stehen hier zwei, drei Höfe ganz eng im Verband eines Weilers beisammen?

„Boxleitner" ist der Hausnahme dieses Böhmerwaldhauses in Totenmann bei Sankt Oswald im Grafenauer Land. An der Westseite ist der Blockbau zum Schutz gegen die Witterung verschindelt, das Dach mit dem charakteristischen Schopfwalm ist sorgfältig mit Scharschindeln eingedeckt. Der alte Boxleitner macht mit seinen beiden Söhnen Holz für den Winter.

Ein Teil dieses unbekannten Hauses ist noch mit Stroh eingedeckt. Die verkrüppelten Obstbäume berichten von den harten Wintern in den Hochlagen des Bayerischen Waldes, die Blumenstöcke an den Fenstern erzählen vom Bedürfnis der Bewohner nach Farbe und Schönheit. Um 1925.

Das Stadtarchiv Deggendorf verwahrt diese Photographie eines armseligen Bauernhauses in Lohberg im Landkreis Cham. Die schräge Ausblockung des Giebelfeldes ist kennzeichnend für diese Region. Entstanden ist das Bild im September 1925.

Diese Kleinbauernhäuser an der Hengersberger Straße am Ortseingang Deggendorfs mussten 1925 dem Bau der „Wallner-Villa“ weichen.

Karl Kapfer, geboren am 4. Februar 1921, war Wagenschmiedemeister. Er hatte in Passau eine dreijährige Handwerkslehre absolviert, 1941 wurde er eingezogen und war bis 1945 im Krieg. 1947 hat er die Meisterprüfung abgelegt, „das dauerte einen Tag, ich habe mich da nicht speziell vorbereitet", bekundete er beim Phototermin am 19. Mai 1990. In Hals bei Passau, wo er aufgewachsen war, hat er mit seinem jüngeren Bruder Bruno, der Kunstschlossermeister war, einen eigenen Betrieb gegründet. Aus Mauersteinen der 1945 gesprengten Halser Brücke haben die beiden am Fuß des Burgbergs eine Werkstatt gebaut.

Er war im Markt Hals bei Passau als Häuslerssohn aufgewachsen – und er hatte es nicht leicht gehabt, denn sein Vater war Trinker. Das Strafregister von Karl Kapfer sen. am Landgericht Passau war lang, es reichte von „grobem Unfug und Strassenpolizeiübertretung“ bis zu Unterschlagung und einfachem Diebstahl. Wirtshausverbot, mit Veröffentlichung im Amtsblatt, wurde ihm mehrmals ausgesprochen. Karl Kapfer jun. starb 1996 – fünfundsiebzigjährig – geachtet. Eine Anekdote sei noch nachgetragen: Seine Frau, Elsa Kapfer, hat im Betrieb mitgeholfen. Kapfers Aussage nach hat sie „zuagschlagn wie a Gsell“. In den Amboss, den er gebraucht gekauft hat, ist die Jahreszahl 1918 eingeschlagen, außerdem sind die Initialen S und H zu lesen. Der runde Prägestempel trägt umlaufend die seltsame Inschrift VERGISS MEIN NICHT.

Die Milchkannen auf den Bänken am Straßenrand sind ganz aus unseren Landschaften verschwunden. Die Schatten zeigen an, dass es früher Vormittag war, als Erika Groth-Schmachtenberger um 1960 diese Aufnahme gemacht hat. Die Straße ist noch nicht geteert. Das Korn auf dem Acker hinter dem hölzernen Milchbankerl steht schon hoch, es mag sein, dass die Photojournalistin im Frühsommer im Bayerischen Wald unterwegs war.
Sie hat leider nicht notiert, wo sie diese Aufnahme gemacht hat. Wenn ein Kirchturm in der Ferne zu sehen wäre, ließe sich das Bild vielleicht lokalisieren, aber da ist nur ein Trafohaus in der Senke zu erkennen. Oder kann jemand zuverlässig das Profil der fernen Grenzberge identifizieren?

In den schneereichen Höhenlagen über Hauzenberg haben die Scharen, die der Pflug von der Straße geschoben hat, die hölzernen Milchbänke immer wieder einmal umgeworfen. Der Bauer in Neustift hat massiv vorgesorgt. Aus einem der umliegenden Granitbrüche hat er Rohblöcke besorgt und sich Stufen und Mauersteine für eine dauerhafte Rampe hauen lassen.

Warum eigentlich diese hohen Abstellplätze für die Milchkannen? Das Sammelfahrzeug der Molkerei hat die Kannen täglich abgeholt. Der Fahrer hat sie von den Bänken auf die Ladefläche seines Lastwagens gezogen und die leeren Kannen vom Vortag dorthin zurückgestellt. Über die Nummern auf den Kannen war die Zugehörigkeit zum jeweiligen Bauernhof abzulesen.

Es war grimmig kalt, als der Passauer Fotografenmeister Josef Lang im November 1991 diese Aufnahme gemacht hat. In der Nacht hatte es arg gewachelt.

Das Wirtschaften auf dem Bauernhof

Wer sich noch daran erinnern kann, welchen Spaß es gab, wenn die junge Bäuerin oder eine Dirn die Backscheiter für die nächste „Beck" in den noch warmen Ofen richtete, mit Kopf und Oberkörper weit im Schürloch steckend, und wer weiß, wie gut auf den Glutzelten oder auf dem ofenwarmen Brot Butter oder Topfen schmeckt, der ist geneigt, darüber zu vergessen, dass die Arbeit auf dem Bauernhof eintönig, hart und oft wenig ertragreich war.

Am frühen Morgen war Frischfutter für das Vieh zu mähen und in den Hof zu schaffen, am Abend schloss der Bauer die Stalltüre nach Füttern und Ausmisten gewöhnlich erst nach Einbruch der Dunkelheit. Jeder Tag, von den weniger strenger Winterwochen abgesehen, war erfüllt mit nie zu einem Abschluss gelangender Arbeit. Aber durch ihre herbe Unmittelbarkeit, ihre „Bodenhaftung" konnte die bäuerliche Arbeit schon auch stets Zufriedenheit bringen. Wenn gut gezogene Ochsen oder Pferde auf leises Wort folgten, war Bauer wie Knecht stolz, er fühlte sich voller Kraft und Wert, wenn er am Pflug hinter den Zugtieren herging. Die Pferdeärsche, die hinund herwogten wie ein Weizenfeld im Wind, waren ihm zweimal die halbe Welt. Er mochte es, wenn ihm der Schweiß über den Rücken bis in den Hosenbund floss und wenn seine Hände gleichsam anwuchsen an der Handhab des bäuerlichen Geräts.

Im Kopf eines jeden Jungbauern ging ein Gedanke die Stiege des jungen Lebens auf und ab: Bald wird er vom Vater den Hof übernehmen, dann wird er Vieh dazukaufen, er wird das alte Holzhaus wegreißen und eines aus Ziegeln erbauen. Er wird eine der Bauerstöchter aus der Nachbarschaft heiraten, vom Heiratsgut Grund hinzukaufen. Und ebenso tagträumte jeder Knecht während der monotonen Arbeit. Nur dass der Viehstall vor seinem inneren Auge, die ersehnte eigene Stube und das zugehörige Land kleiner bemessen waren. Von der Frau, die zu diesem Sachl dann gehören sollte, träumte der Knecht nicht, denn er kannte sie längst und sie hatte schon ein, zwei Kinder von ihm. Sie war Dienstbote auf einem Hof, wie er, und sie hatte schon etwas Geld zurückgelegt.

Die Jahreszeiten regieren den Alltag der Arbeit in der Landwirtschaft, so war es seit jeher. Und so ist es bis heute, zumindest bei den Bauern, die Felder bestellen und Wiesen bewirtschaften, während der industrielle Züchter und Mäster, der in der Gegenwart den Löwenanteil der Agrarsubventionen frisst, sich vom Gang des Jahres und dem Lauf der Natur völlig abgekoppelt hat. Das Wirtschaften im Einklang mit Natur und Tradition ist aber unverändert ein hohes Gut der bäuerlichen Landwirtschaft, die den Bayerischen Wald prägt.

So war es früher: Der Aufbereitung des Feldes folgt die Aussaat, während das Korn heranwächst, werden Krautund Kartoffelacker bestellt, Heu für den Winter wird eingebracht, dem Schnitt des Brotund des Futtergetreides folgt erneut das Heuen. Auf die kahlen Äcker wird schließlich Mist und Jauche ausgefahren, dann ziehen sich die Wochen bis zur Jahreswende mit dem nicht enden wollenden Drusch des Getreides auf der Tenne.

Die Pflege des Bauerngartens, die allerdings im Bayerischen Wald nur eine schlichte Tradition hat, gehört zum Hauswesen der Bäuerin. Anzucht der Pflänzchen für den Krautacker, etwas Gemüse und Kräuter, ein wenig Schmuckblumen, viel mehr war nie zu finden in den Gärten der Bauern. Es waren die Häusler und die Kleinbauern, die aus den Gärten mehr Erträge erwirt-

Voller Stolz zeigt der alte, unbekannte Bauer sein gut gewachsenes Jungrind. Er ahnte nicht, dass uns heute beim Betrachten dieser unbekannten Photographie Anderes viel mehr interessiert: seine Arbeitstracht mit dem üblichen „Fürfetzen", das ausgefranste, weit herabreichende Strohdach, die kleinen Fenster mit den einteiligen Läden. Die Photographie entstand wohl im Grafenauer Land um 1925.

schafteten, allerdings auch mussten, wenn sie zureichende Winterbevorratung schöpfen wollten.

Der Obstbau wurde im neunzehnten Jahrhundert allgemein eingeführt, Apfelsorten, die auch in höheren Lagen gediehen, wurden weiterempfohlen, aber nur wenige Bauern widmeten sich dem Vermehren und Pelzen mit tieferem Ernst. Was Äpfel und Birnen an Most erbrachten, floss in die selbstgenügsame Existenz der Höfe ein. Das Heranziehen von Tafelobst und Lageräpfeln verschiedener Sorten fand aber „im Wald" wenig Tradition. Ein paar mit besserem Klima begnadete flache Täler, wie der „Schmalzdobel" bei Ringelai oder der Lallinger Winkel, die noch heute zur Obstblüte ganz unwaldlerisch erscheinen, nehmen sich von dieser Regel aus. Das „waidlerische Südtirol" nennen manche die Flur von Lalling am Fuß des Brotjacklriegels.

Die Bauernbacköfen standen – der Vorschrift des Landesherrn entsprechend – immer etwas abseits, östlich von den Häusern und Höfen. So wurde vermieden, dass die Funken, die beim Anheizen aus den niedrigen Kaminen flogen, bei Westwind die holz- und strohgedeckten Häuser anzündeten. Kurz nach der Wende vom neunzehnten zum zwanzigsten Jahrhundert entstand diese Aufnahme mit der Bäuerin am Backofen und dem Bauern am Dengelstock.

Wehe, wenn die Ziegen dieser armen Leute in eine Bauernwiese eingebrochen wären! Der Hütbub hatte darauf zu achten, dass das Vieh nur von den Stauden und Gräsern an den Rainen und in den Straßengräben fraß. Das Stadtarchiv Deggendorf verwahrt dieses seltene Bildmotiv, das wohl um 1920 im Vorderen Bayerischen Wald entstanden ist.

Weder Aufnahmeort noch Aufnahmejahr dieser Photographie ist bekannt. Und auch den Namen des Bauern kennen wir nicht, der hier mit zwei Ochsen und einscharigem Pflug ackert. Die Straße hinter dem Feld ist von Obstbäumen und Telegraphenmasten gesäumt.

Im späten Herbst wird Mist auf die Wiesen ausgefahren. Aufladen, Abladen und Ausbreiten waren harte Knochenarbeit. Der bürgerliche Photograph, der sich hier in städtischer Tracht der dreißiger Jahre mit ins Bild setzt, hatte es wohl leichter.

Ein paar Tage war das Roggengetreide noch, zu Kornmandln zusammengestellt, auf dem Feld nachgereift. Jetzt wird es zur Heimfuhr in den Stadel möglichst hoch auf den Wagen geladen. Das Fuder so zu richten, dass auf der Fahrt kein Bündel herunterfällt, verlangte Geschick und Erfahrung.

Frühfuttermähen oder Heumahd? Wenn die ganze Familie mit draußen war, wie hier 1950 beim Kölbl in Witzingerreut bei Tittling, wurde sicher fürs Heuen gemäht.

Wir kennen den Vater des frisch geweihten Priesters Hermann Herzig: Es ist der Straßenbauarbeiter Heinrich Herzig von Seite 96 dieses Buches. Die Primiz des jungen Mannes, der erst 1948 aus russischer Kriegsgefangenschaft heimgekehrt war, hat dem Dorf Thurmansbang Anlass für ein großes Fest gegeben. Ein Korso von 28 Kradfahrern hat Herzig am 29. Juni 1954 von Tittling nach Thurmansbang geleitet. Die Photos und auch Informationen hat Gerhard Heininger beigetragen: „Auf der linken Seite der Kutsche der Primiziant Hermann Herzig mit Mutter Therese Herzig und Nichte Gabriele Herzig. Auf der rechten Seite hinten Pfarrer Joseph Straubinger (1889 bis 1960) von Reischach, wo Herzig seine erste Kooperatorenstelle antrat. Pfarrer Straubinger war während Hermann Herzigs Schulzeit Pfarrer in Thurmansbang (1933 bis 1939) gewesen, er dürfte ihn für den Priesterberuf begeistert haben. Neben ihm sitzt Pfarrer Franz Gscheider (1912 bis 2004), der 1952 bis 1985 Pfarrer in Thurmansbang war. Kutscher ist Baptist Liebl aus Manzenreuth.“ Hermann Herzig – am 15. Dezember 1926 in Eizersdorf geboren – hat in der Diözese Passau Karriere gemacht. 1982 wurde er Domkapitular, 1983 bis 1996 war er Bischöflicher Finanzdirektor, ab 1990 Dompropst. Er ist am 10. Januar 2022 als Priester hochgeachtet und von vielen wertgeschätzt gestorben.

Auch zu diesem Bild hat Heininger die historischen Nachrichten überbracht: „Es zeigt den Bauern Josef Wolf (1895 bis 1972) mit seinem Sohn Georg (1925 bis 2000) vor dem Feuchtinger-Anwesen in Lindau (Gemeinde Thurmansbang). Es dürfte um 1936 entstanden sein. Die zweiflügelige Holztür des Feuchtinger-Hauses führte in einen kleinen Kramerladen, der bis Anfang der 1980er Jahre bestand. Rechts ist noch ein Teil des Wolf-Anwesens zu sehen.“ Bemerkenswert ist das vierfache Ochsengespann. Um die schwere Fuhre Mist über Steigungen zu schaffen, hätten zwei Tiere nicht ausgereicht. Der Bub hat das erfahrene Leittier am Strick geführt, der Vater den zweiten Leitochsen, der vermutlich etwas jünger und – wie es scheint – besonders kräftig, vielleicht aber auch ein wenig eigensinniger war und stärkere Führung brauchte.

*Frühere Auflagen dieses Buches haben das abgebildete Kornfeld „hinter Winkelbrunn" angesiedelt, denn in der Ferne ist der Kirchturm von Grainet zu sehen. Nun wissen wir es genauer, dank der Gewährsperson Franz Glaser aus Unterseilberg: Wir befinden uns auf einem Acker bei Unterseilberg, also wenige hundert Meter weiter östlich als zunächst angenommen, um 1920. Ganz rechts steht der Bauer Anton Glaser, der 1930 gestorben ist. Neben ihm steht Amalie Kanamüller (verheiratete Schmied). Bekannt sind außerdem noch von rechts die 5. Person, nämlich Rosi Kanamüller, die 11. v. r., die Magd „Schneider Zenzl", und, ganz hinten als 10., die Großmutter Maria Glaser. Der 12. v. r. ist der nachfolgende Bauer Andreas Glaser (*1900). Der Knabe mit Hut, 15. v. r., ist Franz Glaser (*1911), der Vater unserer Gewährsperson. Er hat später mit Hilfe seines Bruders Andreas einen Nachbarhof in Seilberg gekauft.*

Zu manchen Aufnahmen haben die Nachkommen sorgfältig Namen, Ort und Aufnahmezeit erfragt. Hier wissen wir von Christa Zirngibl, der Besitzerin des Photos, dass die Dreschpartie 1928 auf dem Hof des Großvaters Alois Krenn („Beim Bausn") in Lenzingerberg bei Prag tätig war. Das Mädl mit dem Kopftuch hat später den feschen jungen Maschinisten Alois Krenn geheiratet. Natürlich ist nicht das böhmische Prag gemeint, sondern das im Passauer Land auf den Höhen östlich der Ilz.

Auf den ebenen Ackergründen bei Bogen oder Metten kann dieses Bild des HANOMAG Acker schleppers um 1930 entstanden sein. Angespannt ist ein Getreidemäher mit Ablegemechanik.

An manchen Orten scheint die Zeit stillgestanden zu sein. So war es 1984 auf dem Petzi-Hof in Pötzerreut bei Röhrnbach. Ludwig Kainz und Philomena Rodler, die Jahrzehnte auf dem Hof als Dienstboten beschäftigt waren, hielten das Anwesen so gut es ging in Ordnung, als die ewig ledige Besitzerin verstorben war. Heute steht der gesamte Hof samt Einrichtung im Freilichtmuseum Finsterau.

Die großzügige Bauernstube im Petzi-Hof sollte 1984 schon längst wieder einmal geweißt werden. Es kam nicht mehr dazu, Ludwig Kainz, hier mit „Kanari" und Hund an seinem Lieblingsplatz, starb wenig später.

Im Holz

Bauholz für den eigenen Bedarf hat der Landesherr ebenso wie jeder Bauer seit jeher im Winter geschlagen. Die Waldstücke, die dazu ausgewählt wurden, waren von nicht zu starker Hangneigung, damit das „Ausrücken" der entasteten und geschälten Bäume mit den Pferden gelingen konnte. Für eine gute Erschließung mit Rückegassen und Straßen wurde gesorgt. Auch beim Möbelholz hielt man sich an die Monate, in denen die Bäume nicht im vollen Saft stehen.

Die holzreichen Hochlagen des Bayerischen Waldes konnten aber nur in den Sommermonaten bewirtschaftet werden. Sie waren ein schier unerschöpfliches Reservoir an Brennholz, das jedoch einen großen Nachteil hatte: Es lag zu fern von den „holzgierigen" Städten und es fehlte an Straßen und schiffbaren Flüssen. Also wurden im Inneren des Bayerischen Waldes Menschen angesiedelt, die willens und fähig waren, auf Höhen über 900 Meter sich einzurichten und zu bestehen. Ein Stück Land gab ihnen Heimat, der Wald gab ihnen Arbeit. Gut 300 Jahre liegt das zurück. Die passauisch bischöflichen Dörfer Firmiansreut, Auerspergsreut und Finsterau, allesamt wenige Kilometer oder auch nur wenige hundert Meter von der böhmischen Grenze entfernt, zählen zu den jüngsten dieser Siedlungen.

Bis an den Grenzkamm des Böhmerwaldes wurden Triftkanäle vorgetrieben, Klausen in den Tälern am Fuß des Plöckensteins, des Lusens, Rachels sammelten Wasser, das sich, wenn zur Trift die Schleusen geöffnet wurden, für einige Stunden in die Kanäle ergoss und das Holz in die Bäche und Flüsse trieb, die es schließlich bis zur Donau weiterleiteten.

Noch bis vor wenigen Jahrzehnten waren die Holzhauer die ganze Woche über im Wald, mancherorts gab es geräumigere Holzhauerhütten, gewöhnlich aber wurden direkt an den Schlägen niedrige, mit Lohe eingedeckte Hütten aufgerichtet, die ihr einziges Licht durch die Türe erhielten. Auf dem Boden waren Schlaflager aus Tannenreisig bereitet, mit Steinen war in der Nähe der Türe eine offene Feuerstatt ausgelegt.

Das geschlagene Holz wurde zu hohen Stapeln, den sogenannten Bohlern aufgerichtet, Bergsonne und Wind trockneten es in wenigen Monaten so weit aus, dass es, merklich im Gewicht verringert, im Winter mit Schlitten abgefahren werden konnte. Ausschließlich örtliche Wagner waren bewandert im Herstellen dieser Schlitten, die zugleich äußerst belastbar, aber auch von möglichst geringem Eigengewicht sein mussten. Der Schmied im Dorf hatte für die wenigen Metallbeschläge zu sorgen, deren wichtigster die Bremskralle war. Der Wagner war es gewohnt, über Nacht Schlitten zu reparieren, die tags zu Bruch gegangen waren. Denn wenn eine Ziehbahn in tagelanger Vorarbeit gut eingetreten war, mussten möglichst viele Fahrten gemacht werden, bevor Tauwetter oder neuer Schneefall die Holzabfuhr unterbrachen.

Zwei Fahrten schafften die Holzhauer an einem gewöhnlichen Wintertag. Der Anstieg mit den schweren Schlitten dauerte Stunden. Mancher Holzhauer hielt sich einen Hund als Helfer. Der half mit Freude ziehen, aber er musste auch ein ganzes Jahr über gefüttert werden. Die Holzbohler, die mit hohen Stangen markiert waren, mussten aus dem tiefen Schnee der Hochlagen erst freigeschaufelt werden. Möglichst mit Hilfe der Hebelwirkung des Sapies, der langstieligen Dornhaue, die der Waldler handhabt wie ein Münchener Kanzlist den Federhalter, wurden die Schlitten beladen. Das Heben „aus dem Kreuz" meidet der Holzhauer aus leidvoller Erfahrung.

Die Abfahrt mit der schweren Last des hoch aufgeladenen, mit Ketten verzurrten Holzes war gefährlich, ein Bündel von Bremsscheiten, das an einer Kette hinter dem Schlitten hergezogen wurde, pflegte die Ziehbahn und verzögerte die gelegentlich zu rasante Fahrt. An den Triftbächen wurde das Rundholz erneut zu hohen Lagern aufgeschlichtet, von wo es im Frühjahr, wenn die Schneeschmelze reichlich Triftwasser bereitstellte, mit dem Sapie ins Wasser gerissen wurde.

All das geschah unter der Regie des Försters, der in den Dörfern Autorität und Brotgeber war. In manchen Jahren, wenn durch Schneebruch oder Windwurf riesige Mengen an Holz anfiel, konnten die ansässigen Holzhauer die Arbeit nicht bewältigen. Dann wurden Fremde angeworben, Italiener gewöhnlich, von denen der eine oder andere blieb und in den dörflichen Korb der bayerischen und böhmischen Namen seinen südländischen einflocht.

Das Kreisarchiv Freyung-Grafenau bewahrt diese Postkarte aus den dreißiger Jahren auf. Förster und Hund posieren neben dem Schlittenführer, der sein Gefährt mit gewaltigem Blochholz beladen hat.

Lebensziel eines jeden Holzhauers war das eigene Haus. Er baute es selbst, mit wechselseitiger Hilfe seiner Holzhauerkollegen, auf einem schmalem Grundstück, mit dem er aus dem Bauernhof der Geschwister ausgezahlt worden war. Wenn er noch Wiese und Acker dazu erwerben konnte, so dass er zwei Kühe zu halten in der Lage war, stand seinem Lebensglück nichts mehr im Wege. Es sei denn Tod oder Verkrüppelung durch einen Unfall trafen ihn, Krankheit, Unglück mit dem Vieh oder Kriegsdienst, zu dem er selbstverständlich eingezogen wurde, lange bevor es einen Bauern traf.

Zugschlitten und Werkzeug hatte der Holzhauer ebenso wie die Arbeitskleidung selbst vorzuhalten. Es war auch in seinem eigenen Interesse, alles „in Schuss“ zu haben, denn ein Werkzeug mit gut gepflegter Schneide spart Kraft. Wenn junge Hauerin den Trupp nachrückten, hatte der Haumeister stets ein Auge auf Schuhwerk und Werkzeug der Neulinge.

Bevor ein neuer Schlag angegriffen wurde, bauten sich die Holzhauer eine „Loadhüttn" als Unterkunft. Weil es ein sonniges, trockenes Waldstück war, wo sicher ein Quellwasser nahe war, hatte sich der Förster zuvor schon einen Hochsitz aufrichten lassen. Um 1920, Altlandkreis Wolfstein.

Die Holzschuhe standen vor der Ture der Rindenhütte nicht deshalb, weil es innen so sauber zugegangen wäre, sondern weil sie dort in der Sonne trocknen konnten.

1950 ist Xaver Ranzinger gestorben, der sich hier als Dritter von links mit seiner Holzhauerpartie ablichten ließ. Holzschuhe und Hut und jeder natürlich mit seinem Werkzeug, so zeigten sich die Männer dem reisenden Photographen.

Die Arbeit „im Holz" war für Häusler und Kleinbauern eine wichtige Verdienstmöglichkeit. Die aufgestellten Wurzelteller der Bäume lassen annehmen, dass hier ein Windwurf aufgearbeitet wurde. Wieder ist Xaver Ranzinger mit im Bild: ganz rechts mit Faltmaßstab. Vermutlich waren die Männer im Staatsforst zwischen Freyung und Grafenau oder im Tittlinger Wald tätig.

Die „Denk-Partie“ aus Philippsreut hat eine Abfahrt mit den Zugschlitten hinter sich. Geht es jetzt nach Hause oder wird noch ein zweiter Anstieg gemacht? Um 1920.

Leicht, aber stabil mussten die Zugschlitten für den Holztransport sein. Von diesem Bild einer Holzhauerkolonne bewahrt die Gemeinde Philippsreut eine Reproduktion auf. Die Aufnahme entstand in den dreißiger Jahren, in den frühen Sechzigern ging es mit den Winterzügen zu Ende.

Die Kameraden der Holzhauerpartie in der Gegend des Lusens haben den verunglückten Josef Müller auf einen Ziehschlitten gebettet. Wie sonst hätten sie ihn zu Tal bringen sollen – und hätte es, mit frischem Fichtengrassert ausgelegt, ein würdigeres Leichengefährt für ihn gegeben? Er war beim winterlichen Holzziehen 1929/30 zu Tode gekommen. Wir verdanken dieses außergewöhnliche Bild Josef Stöckbauer aus Hohenau, der oft geholt wurde, wenn ein Toter zum Abschied aufgebahrt war.

Johann Denk aus Philippsreut hat gewaltig aufgeladen. In den Stamm, der für Bretterholz bestimmt war, hat er sein wichtigstes Werkzeug gehauen, den Sapie. Die beigezurrten „gschmachen" Rundlinge hatten vor allem die Aufgabe, dem großen „Bloch" auf dem Schlitten Halt zu geben. Um 1920.

Mit Pferdekraft wurden die Schlitten erst im Tal gezogen. Hier schafft ein Bauer eigenes Holz zu seinem Hof. 1952 entstand dieses Bild im Dreisesselgebiet.

Solche Holzfuhren erforderten gut ausgebaute Straßen und Fuhrleute, die über Handels beziehungen, Gespanne und schwere Wagen verfügten. Wann und wo diese Aufnahme, die heute im Archiv des Freilichtmuseums Finsterau liegt, entstand, ist unbekannt.

Um 1958 dokumentierte ein Luftbildphotograph die Dörfer und Anwesen der Gemeinde Haidmühle (Landkreis Freyung-Grafenau), als dort auf fast allen Höfen Landwirtschaft noch intensiv und in traditioneller Weise betrieben wurde.
In der Draufsicht zeichnet sich das Geländeprofil nur undeutlich ab und es ist schwer zu ermitteln, in welche Richtung Gräben und Rinnen entwässern. Häufig sind Be- und Entwässerungsgräben auf ein und derselben Fläche oder zumindest in enger Nachbarschaft anzutreffen. Je nach Witterungsverlauf und vor allem vor dem Heuen dienten die Ableitungsgräben der Wiesenwässerung auch zur Entwässerung.
Wo allerdings parallele Gräben quer zum Hang in regelmäßigem Abstand verlaufen, wie hier bei zwei Anwesen in Theresienreut, steht sicher die Bewässerung im Vordergrund. Am Waldrand verläuft der Zuleitungsgraben, von dem an zwei Stellen die Verteilungsgräben abzweigen. Auf diese Weise wird in trockenen Sommerwochen Wasser auf die flachgründigen Wiesen geleitet und schützt sie vor Austrocknung.

An der Mittermühle in Wolfstein werden 1905 Blöcher in großen Mengen aus dem Triftbach gehoben. Das Kreisarchiv Freyung-Grafenau verwahrt dieses wertvolle Bilddokument. Auch wenn mit viel Ökonomie gearbeitet wurde – gezogen, gerollt und gehebelt, nie gehoben –, es war harte Arbeit für die Holzhauer.

Holzhauer mit „Kulturfrauen". Die Anlage von Neupflanzungen war Frauenarbeit, die Holzhauer hatten nur Steine aus dem Weg zu räumen, Wurzelteller niederzulegen oder Gräben zu ziehen. Vor 1940 entstand das Photo im Staatsforst bei Finsterau. Zwei aus der Gruppe konnten identifiziert werden: In der zweiten Reihe, von rechts die zweite der jungen Frauen, die mit der dunklen Jacke, heißt Rosi Degenhart (Hausname „Schober"). Schräg hinter ihr steht Ludwig Schießl aus Finsterau, er ist der älteste in der Gruppe. Das Aufschreibheft weist ihn als Haumeister aus.

Holzhauer mussten auch mit dem Stein umgehen können. Zum Bau der Schwarzbachklause am Fuß des Lusens wurden in den dreißiger Jahren Hunderte von Granitsteinen gebrochen und abgerichtet. Wenn im Herbst die Bäche wenig Wasser führten und der Holzhieb abgeschlossen war, wurden ganze Partien für den Klausenbau und das „Beschlachten" der Triftbäche eingesetzt.

Wenige Jahre nach 1920, als Johann Baptist Fischbauer dieses Anwesen in Lenzingerberg gekauft hatte, entstand dieses Photo. Der junge Bauer hat aus dem eigenen „Holz“, also aus einem Waldstück, das zum Hof gehört, Bauholz zum Hof geschafft. Unter der Dachtraufe des Wohnhauses ist Bretterholz zum Trocknen gestapelt.

Das Mühlenanwesen in Grieserszell bei Sankt Englmar. Selbst wenn der Ort dieser Photographie nicht überliefert wäre, der Bretterschrot am Haus, mit den Deckleisten und dem halbkreisförmig gesägten Saum, ist für den Hausforscher ein untrügliches Zeichen, dass es sich um die Region Altlandkreis Bogen, Landkreis Regen und östlicher Landkreis Cham handelt.

Bitzler, Steinhauer und Glasmacher

Ein Teil der Holzprodukte, die im Hausfleiß angefertigt wurden, diente dem Eigenbedarf und dem eng begrenzten Markt in der Gemeinde und Nachbarschaft. Rechen, Schwingen und Holzschuhe haben die Bauern nie selbst gemacht, sondern stets bei Häuslern und Kleinbauern bezogen. Erst mit dem neunzehnten Jahrhundert fanden manche Produkte einen überregionalen Markt. Die Hausierer der Hinterglasbildproduzenten, aber auch die Händler der Glasindustrie waren wohl die Initiatoren.

Der Arbeitsplatz des Holzbitzlers, wie im Bayerischen Wald jener genannt wird, der sich auf das Veredeln des billig vor seiner Türe bereitliegenden Holzes verstand, war im Winter die geheizte Stube, in der auch gekocht, gegessen und geschlafen wurde. Erst in jüngerer Zeit gab es eine von einem kleinen Eisenofen erwärmte Werkstatt, eine „Machlkammer", die als Verschlag an den Stadel angebaut war. Wenn irgend möglich, ging der Holzbitzler mit seiner Arbeit ins Freie. Das war kein großer Aufwand, denn für die meisten Arbeiten brauchte er nicht mehr als sein Werkstück, die Heinzelbank und ein Ziehmesser.

Manche spezialisierten sich auf die Herstellung von Vorprodukten wie Resonanzholz, Bürstenbretter, Siebzargen, Rundholz oder Holzdraht. Viele fertigten derbere Gegenstände wie Rechen, Sensenknittel, Holzschuhe oder Verschlagschindel. Die Herstellung von Musikinstrumenten, Spanschachteln, Vogelhäuseln oder Spielzeugen, die andere Waldländer prägten, fand im Bayerischen Wald keine Tradition, wenngleich sich mancher darauf verstand.

Die Heinzelbank, deren Klemmkopf je nach Bedarf verschieden ausgeformt war, war das Universalgerät des Holzbitzlers. Eine Werkbank mit Schraubstock war hilfreich, aber nicht unentbehrlich. Neben dem wie die Heinzelbank universalen Ziehmesser, dem Reifmesser mit seinen zwei Griffen, war eine Vielzahl verschiedener Hobel, Beitel, Beile, Bohrer und Schnitzmesser im Einsatz. Was für den Handwerker Tradition und Ehre war, dass er sich nämlich alle Werkzeuge selbst anfertigte, das war für den Holzbitzler herbe Notwendigkeit. Denn einen überregionalen Hersteller für die speziellen Geräte der Bitzler gab es nicht, und wenn, dann wären diese für ihn unerschwinglich gewesen.

Den Köhler kennen die meisten nur noch aus Märchen und Erzählungen. Dort ist er rechtschaffen, aber arm. Er wohnt einsam im Wald und ist schwarz von Ruß. Deshalb rankt sich um ihn und seine Arbeit auch stets viel Aberglaube. Bevor im späten neunzehnten Jahrhundert die Steinkohle mit der Eisenbahn und mit Fuhrwerken in die entlegensten Gebiete vordrang, war die Köhlerei ein Gewerbe, das überall anzutreffen war, wo ausreichend Holz zur Verfügung stand. Da Holzkohle beim Verbrennen mehr Hitze erzeugt als Holz, brauchte sie der Schmied in jedem Dorf. Und wenn er nicht selber nach Bedarf einen Kohlenmeiler betrieb, bezog er die Holzkohle vom Köhler.

Riesige Mengen an Holzkohle benötigten die Hammerwerke und Glashütten des Bayerischen und des Böhmerwaldes und der Oberpfalz. Der Lehrer und frühe Heimatforscher Josef Blau berichtet außerdem, dass für den Handel, etwa den Prager oder den Regensburger Kohlenmarkt, Holzkohle gebrannt wurde. Die blauen Dampfund Rauchschwaden der Kohlenmeiler, die früher an vielen Orten mitten aus dem Wald aufstiegen, gibt es im Bayerischen Wald schon lange nicht mehr. Der Köhler betrieb ein unbeliebtes Gewerbe. Der Raubbau am Wald, seine Betätigung abseits von den Siedlungen und sein meist unansehnliches Äußeres stellten ihn an den Rand der Gesellschaft. Als gegen Ende des vorvergangenen Jahrhunderts der Bayerische Wald von Regensburg, Plattling und Passau aus für die Eisenbahn erschlossen wurde, wuchs dort die bestehende Papier-, Glas-, Holzund Steinindustrie rapide an. Hunderte von Arbeitsplätzen entstanden. Diese Entwicklung war es, die der Auswanderung und der Abwanderung junger Leute aus dem Bayerischen Wald Einhalt gebot. Der Bau von Straßen und Bahnstrecken war bis in die jüngste Zeit vorrangiges Mittel der Regionalpolitik. Heute konkurriert der Tiefbau mit der Notwendigkeit, das Land in seiner Schönheit und Eigentümlichkeit für den Fremdenverkehr zu erhalten. Tourismus ist heute die einzige Wachstumsbranche im Bayerischen Wald. Begonnen hat es mit Programmen zur Förderung des Ostmarktourismus in den zwanziger und dreißiger Jahren. Die Gegenden um Osser und Arber, bei Sankt Englmar und Bodenmais, bei Lalling, bei Ringelai und bei Haidmühle zählen zu den Pionierregionen. Erholungsheime für Großstädter, vor allem Stadtkinder, aber auch erste Skitouristen und Wanderer brachten Fremdenverkehr in den Bayerischen Wald.

Die Siebzargenbiegemaschine hat der Holzbitzler selbst hergestellt. Dass die Frau mit in den Produktionsprozess eingebunden war, hat Tradition und war Notwendigkeit. Der Arbeitsplatz in der Sonne vor dem Hausgartl war jedoch nur für den Photograph gewählt. Mehrere Zargenbrettchen werden mit Draht zu Reifen zusammengebunden und zum Trocknen aufgeschlichtet. Bis zu 2,2 m lang konnte ein astfreies Zargenbrett sein. Damit ließ sich eine Siebzarge mit einem Radius von 60 cm herstellen.

Die Heinzelbank zum Holzschuhmachen hat einen eigens passenden Klemmkopf. Auf die Schärfe der verschiedenen Bohrer, Stemm- und Ziehmesser, die er braucht, achtete der Bitzler sorgfältig. Am großen Schleifstein konnten aber nur Stechbeitel und Reifmesser geschliffen werden, Hohl- und Rundeisen hat er mit Handfeilen und Steinen scharf gemacht. Um 1925.

Für das Schaufelmachen waren nicht nur das richtige Werkzeug und die Fertigkeit nötig, sondern auch das geeignete Holz. Getreideschaufeln, bei denen Stiel und Blatt aus einem Stück gefertigt waren, zog jeder Käufer einer gestückten Variante vor. Um 1925.

Winterarbeit in der Stube. An der Heinzelbank sitzt ein junger Häusler, fast noch ein Knabe. Durch das offene Fenster fällt Licht auf eine Vogelsteige, in dem der Mann wohl einen Singvogel zu seiner Kurzweil hielt. Um 1950 im nördlichen Landkreis Deggendorf.

Hüttl bei Stachau liegt schon im Böhmischen. 1991 hat das Freilichtmuseum Finsterau diese altertümliche unverputzte Stube mit den vielen Heiligenbildern dokumentiert.

Wenn ein Kohlenmeiler abgeräumt wird, muss zunächst der Erdmantel abgetragen werden, der während des Schwelens verhindert, dass zu viel Luft an die glühende Kohle gelangt. Die freigelegte heiße Kohle wird mit einem Rechen auseinandergerissen und sofort mit Wasser abgelöscht. Zu viel Wasser würde die Kohle nass und unbrauchbar machen. Wenn aber ein Stück Kohle nach dem Ablöschen noch unbemerkt glüht, kann in der Lagerhütte oder beim Transport ein Feuer entstehen, das die Arbeit von vielen Wochen zunichte macht. Im Hintergrund dieser Aufnahme, die in Finsterau entstanden ist, steht ein halb aufgebauter Meiler für den nächsten Brand bereit.

Um 1920 beim Schmied in Ranfels, das heute zur Gemeinde Zenting gehört. Neben den gewöhnlichen Beschlagarbeiten hat der Dorfschmied auch die Klauenpflege der Rinder fachmännisch durchgeführt.
Das Haus, an einer steil abfallenden Gasser vor dem Tor des Ranfelser Schlosses, steht bis heute, wenn auch die Schmiede längst nicht mehr in Betrieb ist.

Das waren keine armseligen Kleinbauern. Wenn wohl auch nur drei oder vier Stück Vieh in dem Stall standen, der sich an der feuchten Mauer hinter dem hölzernen Wassergrand abzeichnet – die Kleidung der Familie, zudem die Uhrkette des Hausherrn zeigen an, dass mit dem Holzhandwerk gut zu verdienen war.
Auf der trockenen Mauerbank unter dem weit vorstehenden Dach sind gebündelte Siebzargen aufgerichtet, die auf diesem Anwesen für den Handel hergestellt wurden. Die giebelseitige Haustüre mit den zwei schmalen Flügeln ist untrügliches Zeichen, dass das Haus nahe der Grenze zum Böhmerwald stand, wo diese Variante des Waldlerhauses lange Zeit zu finden war.

Ausbeutbare Tonvorkommen sind im Bayerischen Wald rar. Bei Schönanger im Grafenauer Land aber gab es lange Zeit die Ziegelei Harrant, einen Familienbetrieb, der Mauer- und Dachziegel in Handarbeit herstellte. Tätig sehen wir hier vermutlich die aus Oberitalien zugewanderte Familie Bartolotti, welche die Ziegelei viele Jahre in Pacht betrieben hat. Die älteren Kinder mussten tatsächlich regelmäßig mitarbeiten. Die zwei kleinsten haben sich aber wohl nur für den Photographen dazugesellt.

12. Mai 37

Das hätte der Heimatforscher gern: Das genaue Aufnahmedatum ist auf der Photographie vermerkt. „Heinrich Herzig beim Straßenbau“, hat ein Nachkomme aufgeschrieben.
Wo das Lichtbild entstanden ist, diese Information ging verloren. Aber wir wissen inzwischen, dass Herzig in der oberen Reihe der 1. von rechts ist. Er lebte 1890 bis 1940. Zuletzt wohnte er in Eizersdorf, Gemeinde Thurmannsbang.
Steinbrecher der hier dokumentierten Art waren überall im Einsatz, wo kein Kies abgebaut wurde, wo aber Feld- und Bruchsteine in beliebiger Menge zur Verfügung standen.

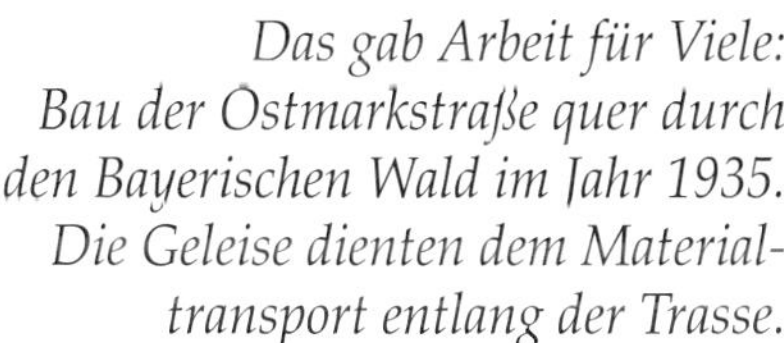

Das gab Arbeit für Viele: Bau der Ostmarkstraße quer durch den Bayerischen Wald im Jahr 1935. Die Geleise dienten dem Materialtransport entlang der Trasse.

In gemeinsamer Arbeit wird in einen Felsen, der im Weg war, ein Bohrloch geschlagen. Der eine dreht nach jedem Schlag den Bohrmeißel, die beiden anderen schlagen mit ihren Hämmern in gleichmäßigem Takt.
Das anschließende Sprengen mit ins Bohrloch gestopftem Schwarzpulver konnte die Photographin nicht erwarten.

Seit pressluftbetriebene und mit Hartmetall bestückte Bohrmeißel in den Granitbrüchen zur Verfügung stehen, geht es schneller mit dem Bohren. Hier wird in einem Bruch bei Waldkirchen mit Federkeilen, die in eine enge Reihe von Bohrlöchern getrieben werden, schonend ein großer Rohblock aus der Wand gelöst.

An der handwerklichen Glasbläserei hat sich seit dieser Aufnahme des Jahres 1934 nicht viel geändert. Damals allerdings waren für das alltägliche Brauchglas erst wenige Maschinen im Einsatz, viele Männer hatten von Riedlhütte über Spiegelau bis Regenhütte und Ludwigsthal Arbeit in den Glasfabriken.

Zu einer Hütte gehört auch eine Glasschleiferei. Erika Groth-Schmachtenberger hat dieses Photo 1934 in der Regenhütte gemacht.

Eine selbstbewusste Wirtin hat sich mitsamt ihren Gästen und Dienstleuten um 1900 vor der Kamera des Schauflinger Pfarrers Max Maier aufgestellt. Kassiert hat nicht die Wirtin, sondern die Serviererin, deshalb hat sie auch die Geldtasche umgehängt.

Am 5. September 1930 ist die Postkarte der Bayerischen Tierzuchtinspektion Passau abgestempelt. Wir hoffen für den Stier, dass es zum Decken und nicht zur Schlachtbank ging.

Der Störmetzger war auf dem Hof. Das war sicher ein anstrengender Tag für Bauer und Bäuerin, Kinder und Dienstboten. Aber es war immer auch ein Festtag, denn nach dem Schlachten gab es Brittsuppe und am Abend Blut- und Leberwürste.

In der Kumpfmühle bei Grafenau wird seit jeher Mehl gemahlen und Brot gebacken. An den Deckenbalken der mehrstöckigen Mühle sind Getreidereitern aufgehängt.

Der rüttelnde Plansichter bringt die ganze Mühle in Bewegung. Über Wellen und Riemen werden die vielen Maschinen in allen Stockwerken der Kunstmühle angetrieben.
Der Müller und Säger Josef Pflanzl prüft hier im Jahr 1994 Austauschsiebe. Im Oktober 2017 ist er verstorben.

Landschaften und Ortsbilder

Es ist erst wenige Jahrzehnte her, da hatten die Dörfer und Städte im Bayerischen Wald noch fest umrissene Grenzen, die Bäche und Flüsse lagen frei inmitten der Wiesen, die Waldstücke konzentrierten sich an den steilen Hängen, den Nordlagen und den hageren Bergspitzen. Von Süden Richtung Arber, Osser, Falkenstein, Rachel, Lusen und Dreisessel betrachtet, war der Bayerische Wald Bauernland mit wogenden Roggenfeldern, eingestreuten blassblauen Flachsäckern und blumenreichen Wiesen, die Bauerndörfer duckten sich mit ihren weit herabgezogenen Dächern in einen Saum von Obstgärten, Hasel- und Hollerstauden. Von den Hängen des Grenzgebirges nach Süden blickend aber reihte sich dem Betrachter „Waldwoge an Waldwoge".

Wo heute diese Landschaft nicht zugewachsen ist mit wildem Buschwerk und billigen Fichtenschonungen, fällt das Auge nur noch auf Hochspannungsmasten, ehrgeizige Straßen, vorstädtische Häuserblöcke und alpenländische Villen. Man muss schon in die zum Donautal strebenden, tief eingekerbten Täler von Erlau, Ilz, Geißa, Bogenbach oder Kinsach hinabsteigen, wenn man sich befreien möchte von den immer skrupelloseren Zugriffen auf Land und Natur.

Wem nicht Not und Krankheit oder der Verlust des bergenden Elternhauses eine unbeschwerte Kindheit geraubt hat, dem ist Kindheit und Heimat ein und der selbe Ort. Heimat ist Ort der erinnerten Kindheit. Zu diesem Ort gehören Straßen und Häuser, Flur und Feld, die Werkstätten der Handwerker, der Schulweg mit seinen sozialen Verflechtungen, der dumpfe Schatten unter der Kirchenpforte. Mir haben auch die Kraftfahrzeuge in die Kindheit geleuchtet und gedröhnt. Wenn nachts eines der seltenen Autos am Anwesen vorbeigefahren ist, hat es sich lang zuvor mit seinem Motorgeräusch angekündigt, hat dann zunehmend Helle in die Kammer getragen, bis schließlich die Scheinwerfer einen deutlichen Lichtstreif an die Wand geworfen haben, ein Theaterlicht, das langsam hoch gekrochen ist bis zur Decke, schließlich rasend schnell über den Plafond sprang und abrupt verlosch, wenn der Wagen das Haus passiert hatte. Der Hund am benachbarten Bauernhof balferzte noch, als von dem Fahrzeug längst nichts mehr zu hören war. Ansonsten aber war die Straße das Reich meiner Kindheit, das ich mit meinen Kameraden nur gelegentlich einem Last- oder einem Personenkraftwagen für einen Moment überlassen musste.

Wohin ist diese Heimat entschwunden, und zwar so nachhaltig, dass ich sie in alten Photos, Erzählungen und Postkarten und in meinen Erinnerungen wiederzufinden suche? Krieg und Vertreibung haben so manche Heimat unwiederbringlich zerstört, der große „Meister der Entheimatung" aber war der Reichtum der jungen Bundesrepublik Deutschland, der einherging mit Technikgläubigkeit und Bildungsabneigung. Wir erkennen unsere Dörfer und Landstädte nicht wieder, weil wir sie bis zur Unkenntlichkeit ausgedehnt, zu Straßenverkehrsparks und Großstadtimitaten verwandelt haben.

Veränderung war immer und Wandel zum Besseren war stets ein erstrebtes Ziel. Unsere Welt ist aber menschenfeindlich und vor allem kinderfeindlich geworden. Eine Kindheit im öffentlichen Raum ist heute nicht mehr möglich, denn Dorf und Stadt sind Domäne des Kraftverkehrs und der Werbung. Wird es deshalb zukünftig Heimat gar nicht mehr geben? Müssen wir deshalb schon heute Heimat simulieren mit Volkstracht, Maibaumaufstellen, Freilichtmuseen und Schnitzbalkonen?

Der Blick zum Silberbergwerk bei Bodenmais war ein besonders beliebtes Postkartenmotiv. Die Schotterstraße im Vordergrund ist um 1925 ein Denkmal der „alten Zeit", die Ladenfassade und die großen Lettern der Bäckerei sind Boten einer „neuen Zeit", die Bodenmais zwischenzeitlich zu einem der bedeutendsten Fremdenverkehrsorte des Bayerischen Waldes gemacht hat. Das Silberbergwerk, in dem längst nicht mehr abgebaut wird, ist heute ein Besuchermagnet.

Aber Kinder sind wie Löwenzahn, sie gedeihen an den unwirtlichsten Orten. Deshalb darf unsere Hoffnung sein, dass auch die unwirtliche Welt unserer Gegenwart Heimat bleiben kann.

Nachdem die Generation der selbstvergessenen Baumeister-Landräte auch im letzten Landkreis des Bayerischen Waldes abgetreten ist, besteht Hoffnung, dass hier Naturschutz und Landschaftspflege, substanzschonende Dorferneuerung und geduldige Rückführung der Zersiedelung Boden gewinnen. Aber es wird Generationen dauern, bis wir auch im Bayerischen Wald wieder sagen können, dass Heimatpflege allen am Herzen liegt, nicht nur das Reden darüber. Ein Blick auf die Bilder der Landschaften und der Ortsbilder, die einmal gewesen sind, kann helfen, den rechten Weg zu finden.

Zu der Zeit, als Bayern noch Königreich war und Böhmen ebenso, schickte eine Auguste aus Kötzting diese Postkarte an ein Fräulein Kuni Fischer in Augsburg, vermutlich noch vor dem großen Krieg von 1914/18: „Kötzting, d. 30. Juni Lb. Kuni! Sende auch dir von meiner Reise eine Ansicht. Gestern machten wir eine herrliche Fahrt nach Taus in das Königreich Böhmen. Wir haben immer herrliches Wetter. Herzl. Gruß vom Bayr. Wald sendet dir deine Freundin Auguste".

Der Osser bildet die ewige Kulisse für das Dorf Lohberg im Landkreis Cham. Als dieses Photo um 1900 entstand, war die ganze Landschaft weniger waldreich. Die zerfurchte Straße ist beidseits mit Zäunen eingefasst, damit beim Viehtrieb die anliegenden Wiesen verschont bleiben.

*„Blick auf Viechtach“
hat Groth-Schmachtenberger auf
dieses Photo geschrieben, das sie
1963 aufgenommen hat.
Im Vordergrund sind bereits die
ersten Siedlungshäusl zu sehen.*

*Mit dem sicheren Blick der
erfahrenen Photographin
hat „die Schmachtenberger“
1930 die Dachlandschaft
Regens festgehalten.*

Wohl mehr als einhundert Jahre alt ist dieses Lichtbild vom Zwieseler Waldhaus. Das abgelegene Wirtshaus war bereits früh ein beliebtes Ausflugsziel. Wenn die Straße lehmig war, wie zur Zeit dieser Aufnahme, ließen sich die Frauen halt bis zur trockenen Gred vor dem Haus fahren.

Das Bild, das 2019 in einem Nachlass aufgefunden wurde, hat bereits Stockflecken. Es ist auch nicht datiert oder lokalisiert. Aber an den beiden Burgen, der Englburg und der Burg Fürstenstein, die im Hintergrund auf den Bergen thronen, war eine Eingrenzung möglich. Und der Kirchturm stellte dann klar: Es ist das Dorf Eging, das damals noch nicht Markt und nicht Luftkurort Eging am See war.
Hinter den Häusern ist, etwas abgesetzt, der große Pfarrhof mit dem Glockentürmchen auf dem Wohnhaus zu erkennen. Vielleicht stammt die Photographie von Joseph Richtsfeld, der 1898–1909 nicht allzu weit weg in Schaufling als Lehrer tätig war.

Eines der schönsten Photos, das es vom Bayerischen Wald gibt. Es zeigt um 1920 Dorfkapelle und Hirtenhaus des Dorfes Lindberg. Sicher war das Wohnen in dem armseligen Gemeindehaus nicht so idyllisch, wie uns heute diese Szene anmutet.

In den alten Pfarrdörfern steht die Kirche mitten im Dorf, wo sonst. Ein Platz weitet sich, wo ansonsten die Häuser und Höfe eng auf eng stehen. Ein Wirtshaus ist meist nicht weit. Ganz anders in Wildenranna im Unteren Bayerischen Wald. Ein lang gestreckter Dorfanger war da, Häuser aus Holz mit Dächern aus Schindeln und Stroh gab es, gemauert waren die Stallungen und im Erdgeschoss einige der Wohnhäuser. An einem Ende des Dorfs stand eine alte Kapelle.

Ein Dorfbrand, der am 16. August 1998 „31 Anwesen mit über 100 Firsten vollständig vernichtet" hat, hat alles geändert.
An der oberen und unteren Dorfstraße, die sich, nur durch eine baumbestandene Böschung getrennt, an einem Hang über dem Tal der Ranna quer erstrecken, sind gemauerte Bauernhäuser, neue Stadel und Stallungen erbaut worden. Wo zunächst rund um einen verwüsteten Dorfanger alles verloren und ohne Zukunft schien, hat sich eine selbstbewusste Dorfgemeinschaft gebildet.

Dann ereignete sich das Glück, dass mit der Gründung der Expositur Wildenranna im Jahr 1904 ein junger umtriebiger Pfarrer in das Dorf versetzt wurde: Franz Xaver Schwarz (1873 bis 1935). Er wurde der Baumeister der Pfarrkirche mit dem Patrozinium „Sieben Schmerzen Mariens". Die Einwohnerzahl war angestiegen, Straßen- und Bahnbau hatten zusätzliches Geld in die Region gebracht, die Bauern erzielten für Vieh, Milch und Brotgetreide gute Preise – die Dorfkapelle aus dem Jahr 1833 hatte ausgedient. Pfarrer Schwarz konnte motivieren und organisieren. Im Domkapitel erwirkte er, dass der renommierte Architekt Johann Baptist Schott mit der Planung der Kirche beauftragt wurde.

Als Bauplatz fand sich eine Freifläche oberhalb der nördlichen Hofzeile. Der Kirchturm Wildenrannas, der alle Häuser des Dorfes hoch überragt, ist seitdem weithin zu sehen.

Stolz steht der 32-jährige Priester inmitten der Bauverantwortlichen. Handwerksmeister, Vorarbeiter und der Bürgermeister (1899–1919) des Dorfes Peter Pilsl – der mit dem Zettel in der Hand – haben sich fur den Photographen aufgestellt. Der Mann in der hellen Hose könnte der beauftragte Maurermeister Wilhelm sein, der in Untergriesbach und Obernzell ein Bauunternehmen betrieb. Wer ist der Mann mit den teuren Schaftstiefeln? Ein Fuhrunternehmer, einer der alteingesessenen Bauern Wildenrannas? Seine Hände lassen erkennen, dass er zuzulangen gewohnt war. Vielleicht ist auch sonst noch der eine oder andere Hand- und Spanndienste leistende Bauer mit dabei. Auf dem Gerüst sind die Maurer und Zimmerer versammelt. Man erkennt leicht, wer mit der Hand arbeitet und wer organisiert. Der in Altbayern übliche Fürfetzen, der Arbeitsschurz, kennzeichnet den Arbeiter. Das granitene Stufengewände des Westportals ist bereits gesetzt. Wir sehen es wieder, wenn wir die Frauengruppe betrachten, die sich dort bei der Einweihung der Kirche mit ihrer geweihten Fahne präsentiert.
Zum Fest der Grundsteinweihe am 13. Juni 1905 war nicht Bischof Anton von Henle aus Passau gekommen. Es ist der in der Diözese Regensburg zu hohen Ehren aufgestiegene Sohn aus dem Bayerwalddorf Hintereben Domdekan Franz Xaver Pöppl (1840 bis 1908), den wir im Zentrum der Festgemeinschaft sehen. Der junge Expositus Schwarz ist vermutlich einer der assistierenden Priester im Chorrock.

Im Jahr 2019 sind diese Lichtbilder aus Wildenranna dem Autor auf den Schreibtisch gekommen. Zunächst war ihm nicht mehr bekannt, als dass dies wohl irgendwo im Bayerischen Wald gewesen sein muss.
Das Portal mit dem Stufengewände aus Granit hat den ersten Hinweis gegeben. So hat vor allem Johann Baptist Schott gebaut. Schott hat in der Diözese Passau viele Kirchen geschaffen, von Ludwigsthal bis Aidenbach. Von Ort zu Ort pilgernd fand der Autor dieses Kirchenportal schließlich in Wildenranna. Dann ließ sich noch einiges an Wissen aus den Quellen schöpfen.
Es war vermutlich Franz Xaver Schwarz, der die Frauen und Mütter des Dorfes bewogen hat, sich 1906 zu einer marianischen Jungfrauenkongregation zusammenzuschließen und eine Festfahne mit der Darstellung der schmerzhaften Muttergottes anzuschaffen. Gestickt haben diese Fahne vermutlich Klosterschwestern in Thyrnau. An einem Band tragen alle Mitglieder ein Medaillon um den Hals.

Wer der Lehrer war, der so stolz neben seiner 42 Kinder zählenden Dorfschulklasse steht, war lange unbekannt geblieben. Aber Expositus Pfarrer Schwarz, streng blickend, viel älter als seine damals 34 Jahre wirkend, erkennen wir wieder. Bis 1913 hat er seine Expositur führen dürfen, dann erhielt er die altehrwürdige Pfarrei Winzer, wo er 1935, gerade einmal 61 Jahre alt, starb.
Wurde das Schulhaus, mit hellem großfenstrigen Schulsaal und Lehrerwohnung, nach dem Dorfbrand neu erbaut? Die Quellen verraten, dass aus dem nahen Eidenberg angerückte Feuerwehrleute die im Nordwesten des Dorfes etwas abgesetzt stehende Schule retten konnten. Das Lichtbild zeigt jedenfalls ein nach den Erfordernissen der Zeit instandgesetztes Schulhaus. 1912 wurden zwei Schulsäle angebaut, in dem Jahr, als unten im Tal die Bahnstation Wildenranna an der Strecke Erlau-Wegscheid eingerichtet wurde. Der Lehrer mit dem gepflegten Bart war übrigens Johann Haiböck, der 1962 ein Heimatbuch seiner Gemeinde Wildenranna verfasst hat.

Der Autor dieser Lichtbilder ist unbekannt. Aber es ist inzwischen sehr wahrscheinlich, dass sie der aus Untergriesbach stammende Lehrer Joseph Richtsfeld (1867–1941) angefertigt hat.

Die Hütebuben treiben am Abend die Ziegen ins Dorf zurück. Die enge, verwinkelte Dorfstraße von Oberdiendorf ist auch heute, etwa einhundert Jahre später, noch wiederzuerkennen, wenngleich fast alle Häuser und Höfe längst erneuert wurden.

Das „Himpsl-Haus" in Zenting, das hier um 1920 die malerische Kulisse für das Wintervergnügen der Kinder abgab, wurde 1955 abgerissen. Das Wohnhaus des Nachbarhofs, auf steinernem Sockel zweigeschossig mit großen Fenstern errichtet, zeigt schon die neue Zeit an. Die Enkelin des letzten Besitzers Johann Himpsl schreibt im Mai 2017: „Ziemlich nah am Haus floss ein Bach vorbei, das Photo zeigt die Dorfkinder beim Eisstockschießen. Was im Winter das Eisstockschießen war, vor allem für die Buben, das war im Sommer das Fischen im Bach."

Seit Friedrich Engels seine Artikel „Zur Wohnungsfrage" schrieb, war der Siedlungsbau immer wieder drängend und grundlegend für den Sozialfrieden. Nach den Kriegszerstörungen und der Bevölkerungszunahme in Folge der Heimatvertreibungen war die Wohnungsfrage auch in den 1950er bis 1970er Jahren ganz oben auf der innenpolitischen und kommunalen Agenda.
Die Stadt Passau konnte 1959 an einem Südhang der Ilz das landwirtschaftliche Anwesen Bramerhof erwerben. Die Fläche zwischen der Ilzleite und der damals mit Bäumen gesäumten Bundesstraße 12 wurde dicht mit Einfamilien- und Mehrfamilienhäusern und einigen kleineren Wohnblöcken bebaut.
Der Passauer Photograph Rudolf Schneider hat sein Photo, das er von einem Sportflugzeug aus aufgenommen hat, 1957 datiert. Aber es wird wohl 1960 richtig sein.

Mit „nach 1970" hat Rudolf Schneider sein Photo des Neubauviertels Grubweg in Passau bezeichnet. In der Siedlung „Am Bramerhof" im Vordergrund des Bildes sind die Bäume schon hochgewachsen. Dahinter ist auf ehedem freien Feldflachen ein neuer Stadtteil entstanden, nun mit Wohntürmen für viele hundert Arbeiter, Angestellte und nachgeordnete Beamte. Aber auch Reihenhäusern in jeweils moderner Bauart und wenigen Einfamilienhäusern wurde Platz eingeräumt. Zwischen den Hochhäusern ist breit gelagert die neue Volksschule errichtet. „Städtebauliche Akzente" dieser Art hat Passau rund um seine enge Altstadt geschaffen: in Auerbach, Neustift, Haibach und am Hochstein

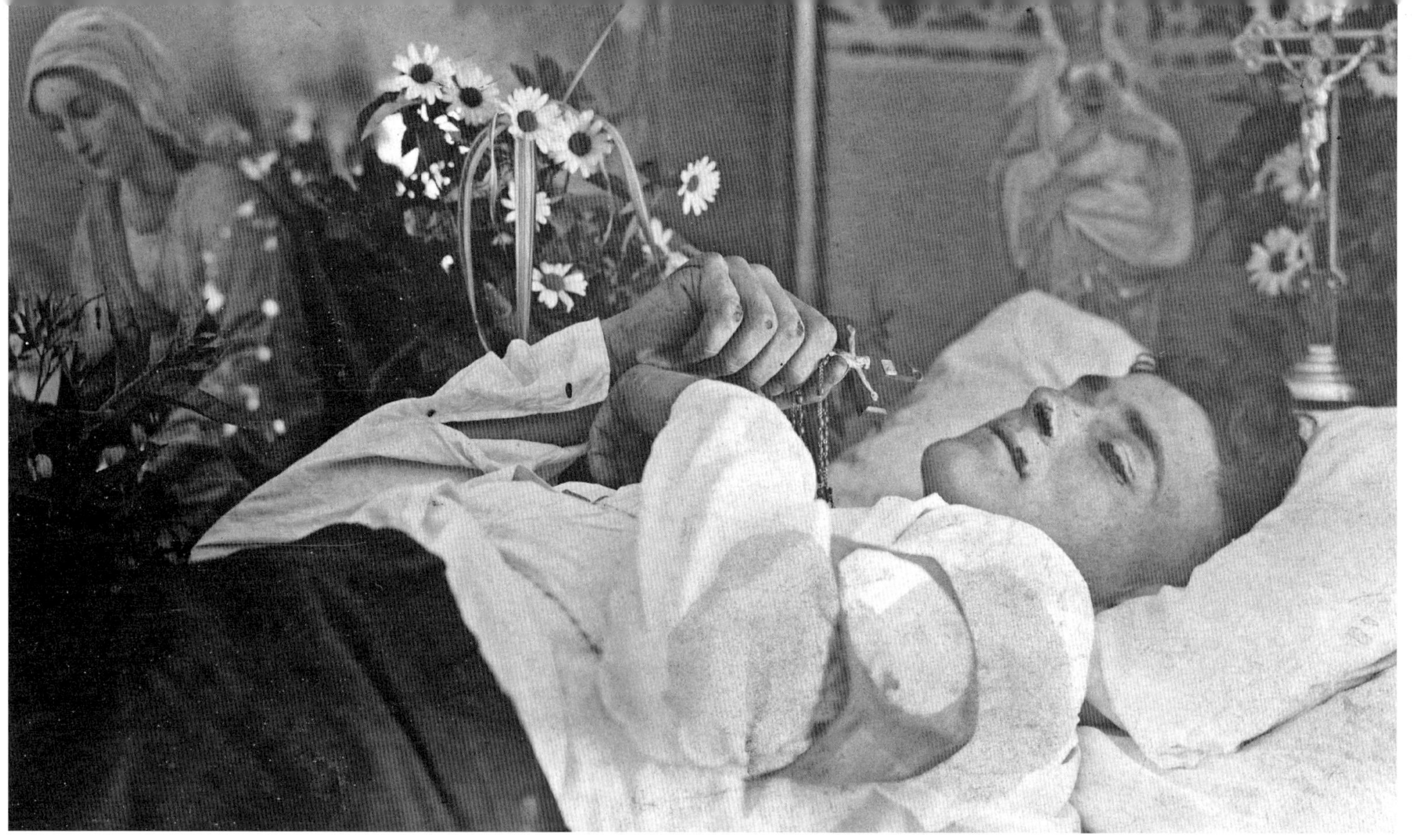

Man möchte dem jungen Burschen nachrufen, „geh noch nicht!" Aber er wird wohl ganz vergessen sein, wenn ihm eines Tages sein Neffe, der mir diese Photographie und dazu die Trauerrede des Pfarrers gegeben hat, kein Andenken mehr wahren kann. Die Seite in diesem Buch soll dann an seine Stelle treten.

„Der ehrentugendsame Jüngling Albert Vogl, Schlosser von Traidersdorf, stand im 18. Lebensjahr", so eröffnete der Pfarrer am 7. Juni 1933 seine Trauerrede. Albert Vogl war beim Herumklettern von den Felsen des Kaitersberges abgestürzt. Der Pfarrer fuhr in seiner Rede fort: „Am liebsten war er bei seinen jugendlichen Kameraden, und mit diesen hat er seine Freude gesucht in Wald und Berg, und dort hat er nun auch seinen plötzlichen Tod gefunden."

Einige dieser Kameraden haben ihm, so wird berichtet, gegen den Willen der Mutter und der Schwester für das Photo eine Binde mit einem Parteiabzeichen unter die Achsel gezwängt. Das Zeichen haben wir hier getilgt, denn es hat viele seiner Freunde wenige Jahre später in einen Krieg geführt und sie dort umkommen lassen.

Lassen wir noch einmal für Albert Vogl den Pfarrer zu Wort kommen: „Gewiß, so hoffen wir alle, hat ihm die göttliche Barmherzigkeit, ihm der Jahre lang als Meßdiener am Altare gedient, die Gnade eines seligen Todes gegeben."

Bildnachweis

Archiv Freilichtmuseum Finsterau: S. 31, 33, 58/59, 67, 80-81, 83, 94/95, 96, 104, 109-110, 114
Archiv Freilichtmuseum Finsterau: S. 54 (Archiv Michael Westerholz), 55 (Walburga Kölbl, Witzingerreut), 68-69 (Anna Ranzinger, Loitzersdorf), 88 (Dr. Hans Haxpointner),
Archiv Freilichtmuseum Finsterau (Max Maier oder Joseph Richtsfeld): U1, S. 10-14, 16-17, 32, 102/103
Archiv Freilichtmuseum Finsterau (Stadtarchiv Passau): S. 34-36, 40-41, 49-50, 85-87, 91, 116/117, 122-123
Archiv Freilichtmuseum Finsterau (Johann Stöckbauer): S. 18-23, 72
Archiv Freilichtmuseum Massing: S. 53, 61, 75, 105 (Gerti Dilling)
Archiv für Hausforschung des Instituts für Volkskunde, München (Rudolf Hoferer): S. 38/39
Archiv Gemeinde Haidmühle (Repro Büro FNL-Landschaftsplanung München 2012): S. 76-77
Bildarchiv der Gemeinde Philippsreut: S. 66, 70-71, 73
Bildarchiv Dr. Martin Ortmeier: S. 15
Bildarchiv Gerhard Heininger: S. 56-57
Bildarchiv Günter Moser: S. 126
Bildarchiv Josef Lang (Rudolf Schneider): S. 124-125
Groth-Schmachtenberger Erika: S. 7, 9, 24-29, 46, 74, 97-98, 100-101, 112-113, U4
Kreisarchiv Freyung-Grafenau: S. 65, 78/79
Lang Josef, Passau: S. 3, 5, 44-45, 47, 89, 99, 106-107
Richtsfeld Joseph (evtl.): S. 115, 118-121
Ortmeier Martin, Passau: S. 37, 62-63, 90
Stadtarchiv Deggendorf: S. 42-43, 51-52, 111
Stadtarchiv Vilsbiburg (Alois Alt): S. 92/93
Zirngibl Christa, Passau: S. 60, 82

Autor

Dr. phil. Martin Ortmeier: Industriekaufmann (IHK) und Ofensetzer. Studium der Kunstgeschichte, Germanistik und Theoretischen Linguistik in Regensburg und München. Promotion in Kunstgeschichte an der Ludwig-Maximilian-Universität München.
1983/84 Wissenschaftlicher Mitarbeiter an den Bischöflichen Kunstsammlungen in Regensburg, 1984 bis 2019 Leiter der Niederbayerischen Freilichtmuseen Finsterau und Massing, 2020 bis 2021 Head of Customer Relations der Hebammengemeinschaft München.
Veröffentlichungen über die Kunst der Moderne, Bauernhäuser in Niederbayern und Südböhmen, Kulturgeschichte des Granits, ländliche Hauskunde und Museologie. Herausgeber der PASSAUER KUNST BLÄTTER. Belletristik in der Zeitschrift LANDSTRICH.